아플 정도로 기쁘고,
슬플 정도로 아름다운
'마음 만나기'

이문재(시인, 경희대 후마니타스칼리지 교수)

마음을 소우주라고 합니다. 그런데 무한천공 대우주처럼 우리 마음은
우리의 발길을 허락하지 않는 미답지입니다. 입구를 알 수 없는, 어쩌다
들어갔다 해도 출구를 찾기 힘든 오지 중의 오지입니다. 더 안타까운
것은 분명 내 안에 있는 것 같은데 도무지 어디에 있는지, 왜 그렇게
움직이는지, 언제 나타났다가 또 언제 사라질지 알 수 없다는 것입니다.
인류의 스승들이 그러했듯이 모든 공부의 시작과 끝은 '마음공부'입니다.
하지만 막막하기만 합니다. 어떻게 해야 마음과 만날 수 있을까요. 어떻게
해야 우리 마음이 성년식을 치러낼 수 있을까요. 여기, 그 길을 일러주는
내비게이션이 있습니다. 성능이 대단합니다. 사용법도 단순합니다.
친절한 안내에 따라 자기 마음을 글로 쓰기만 하면 됩니다. 저는 자신
있게 말씀드릴 수 있습니다. 저도 지난 10년 넘게 '나를 위한 글쓰기'를
진행하면서 글 쓰는 이들이 거듭나는 모습을 지켜봐왔기 때문입니다.

'상처받은 치유자'가 빼어난 치유자입니다. 자신의 아픔을 스스로 이겨낸
사람이 누군가를 제대로 치유할 수 있기 때문입니다. 마음의 글쓰기도
마찬가지입니다. '나'를 쓰면서 다시 태어난 치유자! 자, 이제 자기 마음과
대화하면서 재탄생하는 21세기형 정신건강 프로젝트에 동참해보십시오.
마음의 빛을 찾아가는, 아플 정도로 기쁘고 슬플 정도로 아름다운 여행을
시작해보십시오. 그러다 보면 누군가와 함께 빛을 퍼뜨리는 '새로운 나'와
마주하게 될 것입니다.
거듭 말씀드립니다. 이 놀라운 변화, 이 믿기 어려운 거듭나기는 오직
마음의 글쓰기, 여러분 자신의 글쓰기를 통해서만 가능합니다. 여러분
앞에 펼쳐질 '새로운 삶'을 저자와 함께 미리 축하드리고 싶습니다.

당신의 마음을
글로 쓰면 좋겠습니다

당신의 마음을
글로 쓰면 좋겠습니다

마음의 빛을 찾아가는
77가지 심리 치유

박정혜
지음

odos

| 일러두기 |
이 책에 수록된 몇몇 작품은 저자와의 연락이 닿지 않아 부득이하게 게재 허락을
받지 못했습니다. 출판사로 연락을 주시면 허락을 받고 게재료를 지불하겠습니다.

글빛 마음빛을 위하여

글은 쉽습니다. 숨을 쉬거나 물을 마시는 것처럼요. 그런데도 많은 사람들이 글을 어려워합니다. '글 자리'는 점잖게 차려입고 깍듯이 예의를 갖춰야 하는 자리라고, 옷매무새를 잘 가다듬고 잘 닦은 신발에 얼룩 하나 없는 말쑥한 차림을 갖춰야 한다고 오해하곤 합니다. 글은 아무나 쓸 수 있는 것도, 아무 데서나 할 수 있는 일도 아니라고 생각합니다. 그러다 보니 자연스레 나오는 어울리지 않는 일, 불편하고 어색한 일로 단정 짓고 멀리하게 되지요. 그러나 글쓰기는 우아하고 지적이고 멋있게 보이기 위한 것이 아닙니다. 글쓰기는 나의 내면을 있는 그대로 드러내 보이는 행위이며, 무엇보다 나 자신과 솔직하게 마주하고 대화하는 일입니다. 글은 글쓴이를 비추는 거울과 같습니다. 글쓰기가 어려운 일이 아니란 걸 쉽사리 믿지 못하는 분들을 위해 제 이야기를 꺼내볼까 합니다.

한때는 저도 글쓰기를 멀리한 적이 있습니다. 그것은 한 사건 때문이었습니다. 일곱 살에 초등학교에 입학한 저는 당시 제 이름 석 자만 간신히 쓸 줄 알았습니다. 그것도 옆집 아주머니가 학교 갈 애가 이름 정도는 쓸 줄 알아야 한다며 저를 앉혀놓고 가르친 덕분이었지요. 저희 부모님은 그저 학교에 가면 알아서 잘 배우겠지, 하는 정도로만 생각하셨던 것 같습니다. 난생처음 받아본 국어책에 있는 글자들이 저는 참 좋았습니다. 글 사이사이에 나오는 바둑이와 꼬마들 그림도 무척 마음에 들었습니다. 어느 날, 선생님이 국어책의 페이지를 지정해주고는 공책에 옮겨 써 오라고 숙제를 내주셨습니다. 저는 정성을 다해서 책에 있는 글자를 고스란히 옮겨 썼고, 다음 날 선생님에게 제출했습니다. 그런데 제 공책을 본 선생님이 퉁명스럽게 말했습니다. 숙제를 부모님한테 해달라고 하면 어쩌니? 저는 아니라고 고개를 저었지만, 선생님의 한마디는 곧 판결이었습니다. 졸지에 저는 과제를 부모님에게 떠넘긴 불량 학생이 되어 있었습니다. 다행히 어머니가 직접 학교에 찾아와 선생님을 만나면서 오해는 풀렸습니다. 하도 반듯하게 잘 써서 어른이 해준 줄 알았다는 것이었습니다. 하지만 저는 그 일이 있은 후로 일부러 글씨를 삐뚤빼뚤 못나게 썼습니다. 그뿐만 아니라 점점 글자를 멀리하게 되었습니다. 읽는 것은 여전히 좋아했지만, 쓰는 것은 게을리하게 되었습니다. 어른들이 쓴 것으로 오해받을 만큼 글씨를 잘 썼다니, 돌이켜보면 어린 제가 기특하지만, 동시에 가슴 한편이 아려옵니다. 분명히 억울한 일이었는데, 선생님은 제게 사과하지 않았습니다. 그저 저를 어른처럼 글씨를 잘 쓰는 '별난 아이' 정도로만 생각하고 넘어가셨습니다. 그리고 저는 어린 마음에 '별난 아이' 취급을 받지 않으려 애를 쓴 것이고요.

글쓰기를 멀리한 것은 그런 상처 때문이었습니다. 그러던 제가 어느 날부터 글과 친구가 되었습니다. 그건 집안 사정으로 자주 전학을 한 탓에 주위에 친구가 별로 없었기 때문일지도 모르겠습니다. 어쩌면 또래 아이들과 잘 어울리지 못했던 별난 제 성격 탓이었을지도 모르지요. 여하튼 저는 자의식이 강했고, 외따로 다녔으며, 혼자 뭔가에 골몰하는 일이 많았습니다. 그러다가 우연히 인간 아닌 다른 존재의 관점에서 세상을 바라보게 되었지요. 바로 '개'가 되어서 말입니다. '사람들이란 참 이상해.' 열두 살 때 난생처음 쓴 동화의 첫 구절입니다. 저는 몹시 기뻤습니다. 개의 눈으로 세상을 바라본다는 것은 색다른 경험이자 일탈이었습니다. 글과도 놀 수 있다는 사실을 알게 된 이후, 글은 자연스럽게 저의 친구가 되었습니다. 누군가에게 보여주려고 글을 쓰는 것이 아니라 순수하게 글 안에서 놀면서 즐겁고 유쾌했지요. 우울하고 슬프고 암울한 가운데서도 글을 쓰다 보면 터널의 막바지에 이른 듯 빛줄기가 보였습니다. 아무도 보지 않을 때 막춤을 추듯이 저는 누구도 읽지 않을 혼자만의 글을 자유롭게 써 내려갔습니다.

그러다가 발견한 것이 바로 마음이었습니다. 저는 그냥 글을 쓴 것이 아니었습니다. 마음이 시키는 대로 글을 쓰고, 그러면서 막히고 고여 있던 제 마음이 글의 흐름에 따라 바다로 흐르고 있었습니다. 또한 글에서 영혼을 보았습니다. 마음은 글의 날개를 달고 다른 차원으로 갈 수 있었습니다. 그 차원에서 현재를 바라보고 과거를 되돌아볼 수 있었습니다. 글을 쓰는 동안 마음과 영혼은 한층 자유로워지고 성장한다는 것을 깨달았습니다. 그것을 한마디로 말하자면 '치유'입니다. 누군가를 찾아가서 마음의 상처를 낫게 할 수도 있겠지만, 때로는 글쓰기를 통해서도 치유할 수 있습니다. 그것은 마음의 문을 스스로 열 수 있느냐 없느냐에 달려 있습니다. 두려움과 불안이나 압박감 등 여러 이유로 인해 마음의 문을 닫아버렸고, 그렇게 닫은 상태가 오래 지속되었다면 혼자서 글을 쓰는 것만으로는 치유하기 어려울 수도 있습니다. 하지만 용기를 내서 오래되어 녹슬고 잘 열리지 않는 문을 조금씩 움직이다 보면, 언젠가는 자연스럽게 마음의 문이 열릴 것입니다. 그것은 곧 치유로 이어질 것입니다. 물론 노력해도 안 될 때는 마음과 정신의 온전한 치유를 도와주는 전문가를 과감히 찾아가는 용기도 필요하겠지요.

이 책은 글쓰기를 통해 혼자서 치유를 체험할 수 있는

치유서입니다. 이 책은 단순히 눈으로 읽고 넘어가는 것이 아니라 꼼꼼하게 적용할 때에 비로소 진가를 발휘합니다. 체력을 단련하기 위해 매일 꾸준히 운동하듯 일정한 간격을 정해놓고 일주일에 한 번, 또는 하루에 한 번 책을 펼쳐 들고 스스로 정한 진도대로 실천해야지만 실제로 치유 효과를 누릴 수 있습니다. 압박감을 느끼면서 억지로 하는 것은 오히려 역효과를 가져올 수 있습니다. 하지만 용기를 내어 천천히 내 마음을 들여다보면 생각했던 것보다 훨씬 귀중한 체험을 하게 되리라 확신합니다.

혼자 쓰고 덮어두는 비밀스러운 책일 수도 있지만, 이렇게 생각하시기를 권해드립니다. 이 책의 안내자인 저와의 만남이라고요. 당신은 그저 글쓰기만 하는 것이 아닙니다. 저와 적극적으로 이야기를 나누는 것입니다. 책의 안내자인 저와 그 책을 따르기로 한 당신이 서로 소통하며 인연을 맺는 것입니다. 그 과정에서 당신은 제 이야기를 듣고, 저 역시 당신의 이야기를 들을 수 있습니다. 마음이 열려 있으면 이러한 교류가 가능하다고 믿습니다. 매번 제시된 글쓰기를 행한 후, 저는 제 이야기를 먼저 들려드릴 것입니다. 당신도 글쓰기를 행한 후 직접 쓴 글을 소리 내어 읽어주시기 바랍니다. 당신이 소리 내어 읽을 때 저는 당신의 삶에 응원의 에너지를 보내며 따뜻한 눈빛으로 경청하겠습니다.

이 책은 당신과 제가 이곳에서 직접 만나 행해야만 완성되는, 독특한 체험으로 이뤄지는 책입니다. 저는 심상 시 치료사이지만, 제시된 안내를 할 때만 그 이름을 쓰겠습니다. 제가 직접 행해서 당신에게 들려드릴 때 저는 치료사라는 권위를 내려놓고 인간 대 인간으로 당신을 만나겠습니다. 부디, 융통성 있는 이해를 부탁드립니다. 세상에 하나뿐인 당신과 만난 것은 제게 행운입니다. 이 모든 과정을 통해 우리는 함께 아름다운 치유의 에너지를 주고받게 될 것입니다.

이 책은 '자가 치유서'입니다. 이 책의 궁극적인 목적인 '치유'를 위해서 당신은 스스로 치유사가 되어야 합니다. 하지만 억지로 해서는 제대로 해낼 수 없습니다. 의지를 북돋우고 용기를 내는 것은 필요하지만, 진정으로 마음의 문을 여는 과정이 전제되어야 합니다. 잘해내겠다는 욕심과 욕망을 내려놓는 것이 더욱 중요합니다. 손으로 움켜쥐려 해서는 결코 흘러가는 물을 손안에 담을 수 없는 이치와도 같습니다. 손에 물을 담고자 할 때는 다만 소중하게 담기리라는 마음만 가지고 다가가야 합니다. 마치 아무것도 원하지 않는 것처럼 손바닥을 활짝 펼칠 때 비로소 손바닥에 물이 가득 고이게 됩니다. 이 책을 활용하는 원리도 마찬가지입니다. 치유라는 목표만 바라보고서, 전략과 전술로 접근하려 들어서는 진정한 효과를 거둘 수 없습니다. 그저 신나는 내면 여행을 떠난다고 여기고,

몸과 마음을 가볍게 이완하는 것이 필요합니다.

이 책의 내용은 심상 시 치료 과정에 따라 구성되어 있습니다. 심상 시 치료는 통합 예술·문화 치유입니다. 감성과 감수성으로 내면의 힘을 자각하고 영혼의 성장을 목적으로 하는 21세기형 새로운 정신 및 심리 치유입니다. 목차를 보고 마음이 끌리는 대로 펼쳐보고 싶다면 그렇게 하셔도 좋습니다. 처음부터 끝까지 하고 나서 전체 과정을 반복하거나, 중간중간 더 끌렸던 부분을 골라 복습하셔도 됩니다. 매번 할 때마다 변화하고 성숙해지는 마음을 발견할 수 있을 것입니다. 모든 방법이 가능합니다. 단, 앞서 말씀드렸듯이 그저 읽기만 해서는 아무런 효과가 없습니다. 직접 행해야만 치유의 효과를 누릴 수 있습니다. 그리고 컴퓨터의 자판을 두드리기보다는 공책에 직접 써보기를 권합니다. 당신은 혼자서 하는 외로운 작업이 아니라 치료사가 동행하는 치유 워크숍 프로그램에 특별히 초대되었으니까요. 물론 치유 프로그램을 행한 뒤 공책에 써놓은 글이나 그림들을 컴퓨터로 옮기면 더욱 좋겠지요. 공책에 소중하게 기록한 글과 그림을 컴퓨터로 옮기며 또 한 번 마음에 새길 수 있을 테고, 언젠가 그 기록이 필요할 때 더욱 쉽게 꺼내어 볼 수 있을 테니까요.

스스로 치유할 수 있다는 희망을 안고서 두툼한 공책과 필기구 앞에 앉았다면 이제 마음 여행을 시작해볼까요? 여행을 할 때는 자꾸 뒤를 돌아보지 마시기 바랍니다. 뒤를 돌아보면 앞으로 나아가지 못하고 넘어지기 십상입니다. 잘해야 한다는 생각을 내려놓고, 가볍게 떠나보시기 바랍니다. 맞춤법이나 띄어쓰기에 대한 과도한 부담감은 전부 날려버리세요. 글을 한 줄 써놓고 맞는지 어떤지 살피느라 주저하지 마시고 흘러가는 마음과 떠오르는 생각에 손을 맡기고 끄적끄적 낙서하듯 적어보시기 바랍니다. 다만 장난치듯이 무성의한 태도로 하지는 말아주세요. 지루하게 느껴질 때는 잠시 손을 멈추고 호흡을 고른 다음, 마음의 문을 열고 다시 와주시기 바랍니다. 자, 그럼 시작해볼까요?

마음 이끌기 : 교감과 흐름

2부 내면 진입

마음이 내는 소리

3부 깊은 내면

작은 빛줄기 하나

4부 마음의 빛

빛 안으로

5부 마음의 빛 퍼뜨리기

빛의 향유

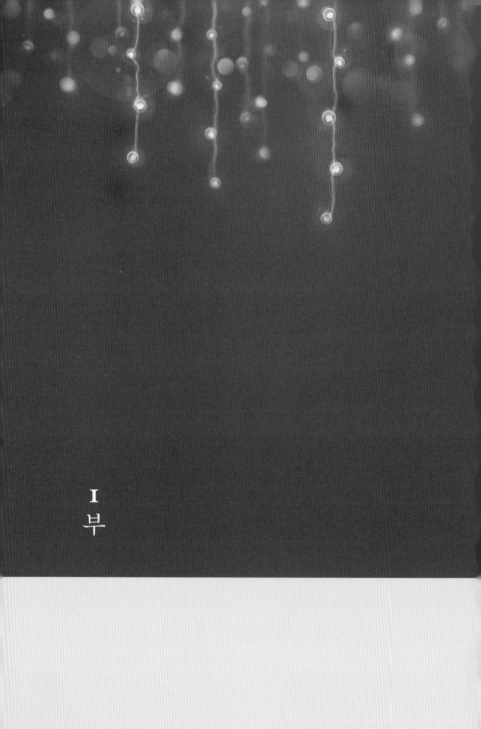

1부

마음
잇기

마음의 빛깔 나누기

— ◆ —

동감의 눈빛

잇는다는 것은 '인연'의 고리가 형성되는 것을 의미하지요. 특히 '마음을 잇는다'는 것은 세 가지 의미를 지니고 있습니다. 먼저, 미처 잘 알지 못했던 내 안의 중심과 시시각각 변화하는 내 겉마음을 잇는 것입니다. 그다음, 나와 긴밀하게 연결된 누군가의 마음과 잇는 것입니다. 그 사람과 함께 할 수도 있고, 여러 사정이나 상황에 의해 같이 할 수 없기도 하지요. 한 사람이 아니라 여러 사람일 수도 있습니다. 상대방에 대해 내가 가지는 마음을 건강하고 온화하게 잇는 것을 의미합니다. 또 하나, 마음을 잇는 것은 지금 이 순간, 이렇게 책을 펼쳐 들고 마음 여행을 실천하는 바로 당신과 제 마음을 잇는 것입니다. '마음 잇기'는 총 네 과정으로 이루어져 있습니다.

그 첫 번째는 동감^{同感}입니다. 동감은 어떤 일에 대한 견해나 생각이 같은 것을 말합니다. 마음에 빛깔이 있다면, 그 빛깔을 맞추는 것입니다. 마음은 상황이나 상태에 따라 제각각 다른 빛깔을 내기 마련입니다. 검고 암울한 빛깔을 낼 수도, 환하고 밝은 빛깔을 낼 수도 있습니다. 어떤 빛깔을 품고 또 뿜어낼지는 자신의 선택에 달려 있습니다. 의식적이든 무의식적이든, 스스로가 한 선택이 빛깔을 결정하는 것입니다. 한 개인이 낼 수 있는 빛깔은 마음의 상태에 따라 다양하고 다채롭습니다. 암울한 빛깔을 지닌 사람이 다음 순간에는 눈부신 빛깔을 낼 수도 있고, 그 반대의 경우도 가능하지요. 하지만 항상성의 원리에 따라, 개인의 선택은 대개 같은 방향으로만 치우치는 경향이 있습니다. 그래서 과거의 경험과 유사한 상황을 맞닥뜨리면 마음속에선 그 당시와 비슷한 감정이 일어나게 되지요. 나도 모르게 과거와 같은 마음 빛깔을 가지게 됩니다. 게다가 사람에게는 저마다의 빛깔이 있습니다. 성향이나 성격에 따라 꾸준히 유지되는 개개인의 고유 빛깔이 존재하는 거지요. 그 빛깔을 없애기 위해 강제적인 힘을 가할 경우, 오히려 마음은 그 빛깔에 고착해버리는 특징이 있습니다. 그리고 비슷한 빛깔에서는 동화될 수 있으나, 전혀 다른 빛깔을 지닐 경우 급격히 친화력이 떨어집니다. 그것은 행복해 보이는 사람 앞에서 불행이 커지며, 행복한 이가 그 행복을 전해주려 해도 이미 불행 속으로 가라앉은 사람에게 그러한 교훈들이 잘 가닿지 않는 것과도 같은 이치이지요. 불행 안에 웅크리고 있는 사람에게 제일 먼저 해야 할 일은 혼자만 불행하다고 여기며 불행 안에 갇혀 있게 만든, 굳게 닫힌 마음의 문을 슬며시 열도록 하는 것입니다. 내면의 어둠은 외로움을 의미합니다. 우울한 감정이 지속된다는 것은 외부와 내부의 모든 연결을 차단함으로써 외로움을 드러내는 것입니다. 정신 건강에 적신호가 켜졌음을 스스로에게 알리는 것이지요. 그렇더라도 섣불리 어둠을 걷어내려고 하는 것은 어리석은 일입니다. 스스로 선택해서 생겨난 장벽에 대한 이해와 포용이 먼저 이뤄져야 합니다. 어쩔 수 없이 둘러친 장벽을 무너뜨리라고 일방적으로 지시하거나 무시하지 않고, 그렇게밖에 할 수 없었던 심리적 과정을 어루만지는 행위가 먼저 일어나야 합니다. 마음의 문이 열리는 시점을 계기로 해서, 현재의 빛깔을 원래의 빛깔 쪽으로 조금씩 이동시켜야 합니다. '마음 잇기'의 다음 단계를 통해서 빛깔의 전환은 자연스럽게 이뤄질 수 있습니다.

01 내 마음
나도 모를 때

마음은 보이지 않지만 존재하고 있습니다. 내가 내 마음을 잘 알고 있는 것도 아닙니다. 때때로 마음은 종잡을 수가 없어서 의도하지 않아도 한쪽으로 흐르거나 박혀버리고 맙니다. 머리를 거스르고 제멋대로 굴기도 하지요. 그래서는 안 되는 걸 뻔히 아는데도 마음은 막무가내입니다. 또 가끔은 내 마음이 향하는 바를 나조차 짐작할 수 없을 때도 있습니다. 이렇게 때로는 갈팡질팡하고, 때로는 알쏭달쏭한 마음, 도대체 왜 이런 걸까요?

프로이트는 보이지 않지만 분명 존재하는 인간의 '마음'을 분석했습니다. 그에 따르면 마음은 크게 세 부분으로 구분할 수 있습니다. 내가 아는 마음, 지금 당장은 알지 못하지만 조금만 깊이 이해하고 들여다보거나 자극을 받으면 깨닫게 되는 마음, 전혀 모르는 마음. 각각을 의식, 전의식, 무의식이라고 일컫기도 합니다. 또 마음은 이래라저래라 지시를 내리는 마음과 현실의 지배를 받으며 현실에 어긋나는 것을 검열해서 조율하는 마음, 그리고 현실을 벗어나 원초적인 욕망의 지배를 받는 마음이 있습니다. 각각을 초자아, 자아, 원자아라고 부룹니다.

　여기에서 전의식이나 무의식이 작용하는 마음의 상태를 '나도 모르는 내 마음'이라고 할 수 있습니다. 그렇지만 무의식을 자극해서 의식 차원으로 끌어올리면 모르는 마음이 아는 마음으로 바뀌게 되고, 그것을 '통찰'이라고 부릅니다. 통찰은 큰 힘을 가지고 있어서 정신분석학에서는 제대로 통찰이 될 때 치료를 종결하기도 하지요. 이제 우리는 '통찰력'을 향해 첫발을 내디디려고 합니다.

　먼저, 동감의 눈빛을 마주하려고 합니다. 앞서 언급한 대로 동감이란 어떤 일에 대한 견해나 생각이 같은 것을 말합니다. 우리는 지금, 자기 안으로 들어가서 진솔한 나와 동감의 눈빛을 주고받을 것입니다.

1. 반으로 접은 종이의 왼쪽 면 혹은 공책의 왼쪽 페이지에 '지금, 현재,
이 순간의 마음' 하면 떠오르는 것을 한 단어로 써보시기 바랍니다.

2. 1)과 같이 쓴 이유를 한 줄 이상 적어보시기 바랍니다.

3. 반으로 접은 종이의 오른쪽 면 혹은 공책의 오른쪽 페이지에 '내가
원하는 내 마음' 하면 떠오르는 것을 한 단어로 써보시기 바랍니다.

4. 3)과 같이 쓴 이유를 한 줄 이상 적어보시기 바랍니다.

5. 1)과 3)을 나란히 펴놓고 가만히 들여다보시기 바랍니다. 만약 같다면 지금, 현재, 이 순간의 마음이 내가 원하는 방향으로 가는 중이라는 뜻이고, 다르다면 적극적으로 내가 원하는 마음을 향해 서보고 원하는 쪽으로 걸음을 옮기라는 뜻입니다.

6. 5)를 통해 든 생각과 느낌을 종이의 뒷면 혹은 공책의 다음 장에 적어봅시다.

7. 전체 소감을 적고 읽어주세요.

02 내 마음
안에 있는 마음

내 마음 안에 있는 마음들이 어떤지에 대해서는 조금 더 살펴볼 필요가 있습니다. 분석심리학자 카를 구스타프 융[Carl Gustav Jung]은 우리의 마음에 '그림자'가 있다고 보았습니다. 그림자는 차마 내가 인정할 수 없는 쓰레기 같은 마음을 말합니다. 분명히 있지만 없다고 치부할 때 그림자는 점점 자라나서 거대해집니다. 우리는 그림자를 거부하면서 동시에 그림자를 다른 사람에게 던져놓고 그 사람을 손가락질하곤 합니다. 공연히 그 사람이 밉고, 신경질 나고, 특별히 해를 끼치거나 나를 자극하는 것도 아닌데 거북하게 느껴지기도 합니다. 누군가를 미워하는 이러한 마음이 내가 거부해온 내 안의 그림자에서 비롯되었다는 사실을 인정하는 것은 무척 중요합니다. 그림자를 인식하고 받아들일 때 그림자는 줄어들기 시작합니다. 그림자를 아예 없앨 수는 없지만, 그 크기를 줄이면 평온을 되찾고 나아가 성숙하게 됩니다. 무엇보다도 내 마음 안으로 한발 더 내디딜 수 있지요. 그림자를 줄이기 위해서는 '얼음'을 떠올려보면 됩니다. 얼음을 없애는 가장 좋은 방법은 열을 가해서 녹이는 것입니다. 도끼로 아무리 내려친다 한들 주변 온도가 낮다면 거대한 얼음은 결코 사라지지 않습니다. 열이 얼음을 안아주고 품어줄 때에야 비로소 녹아내리지요. 그림자도 마찬가지입니다. 그림자의 존재를 직시하고 끌어안는 것이 그림자의 크기를 줄이는 가장 좋은 방법입니다. 자, 그럼 이제 당신 안의 그림자를 만나기 위해 용기를 내볼까요?

시 한 편을 소개할까 합니다. 시의 주인공은 사람이 아니라 개입니다. 호수를 지나던 개는 물에 비친 자신의 모습을 보지만, 그것이 자신인 줄 모릅니다. 녀석에겐 이상한 것을 보면 얼굴을 찡그리는 습관이 있었나 봅니다. 물에 비친 그림자가 자신과 똑같이 얼굴을 찡그리자, 이번에는 컹컹 짖고 으르렁거리다가 끝내는 화가 나서 물고 뜯고 격렬하게 싸우기 위해 호수로 뛰어듭니다. 그리고 그만 깊은 호수에 가라앉게 되지요. 시의 마지막에 이르러 시인은 고백합니다. 자신 역시 이 개처럼 그림자를 그림자로 받아들이지 못하고 공격하고 싸우려 들었다고요. 시에는 그때를 돌아보며 용서를 구하고자 하는 시인의 마음이 담겨 있습니다.

1. 다음의 시를 직접 낭송해보시기 바랍니다.

그림자의 인생길

허성욱

호숫가를 지나던 개 한 마리가 물속을 들여다봅니다. 물속에
는 자기를 바라보는 다른 개가 있습니다. 그 모습이 이상해
얼굴을 찡그립니다. 물속의 개도 험상궂게 찡그립니다. 호숫
가의 개는 별안간 화가 나서 짖어댑니다. 이빨을 세우고 코
를 벌렁대며 으르렁거리다가 앞발을 들어 할큅니다. 싸움이
깊어져 호숫가의 개는 그만 물속으로 뛰어듭니다. 호수는 그
개를 삼켜버립니다. 임이시여, 저 또한 그러합니다. 저 또한
그림자의 인생길을 가고 있습니다.

2. 시의 느낌을 한 단어로 포착해서 공책에 적어보시기 바랍니다.

3. 2)와 같이 쓴 이유를 한 줄 이상 적어보시기 바랍니다.

4. 인상 깊은 구절을 하나 이상 찾아 적고, 그 구절을 선택한 이유를 써 보시기 바랍니다.

5. 시의 제일 마지막 문장을 다시 한번 읽고, '내 그림자' 하면 생각나는 것을 원하는 만큼 자연스럽게 적어보시기 바랍니다.

6. '내 그림자를 이제 껴안아줍니다'로 시작하는 글을 적어보시기 바랍 니다. 원하는 만큼 자연스럽게 적으시면 됩니다.

7. 6)을 통해 든 생각과 느낌을 적어봅시다.

8. 전체 소감을 적고 읽어주세요.

03 겉마음과
        속마음

내 마음은 몇 겹으로 둘러싸여 있을까요? 나는 무의식중에 얼마나 많은 천으로 내 마음속 근원의 힘을 감추고 덮어온 것일까요? 얼마나 오랫동안 그렇게 해왔는지는 쉽게 알 수 있습니다. 바로 내 나이만큼 그래왔지요. 몇 겹인지는 사실 중요하지 않습니다. 숫자로 정확히 헤아릴 수도 없을뿐더러, 그보다 더욱 중요한 것은 가려왔다는 사실을 인정하는 것입니다. 또한, 그럼에도 불구하고 '근원의 힘'이 전혀 빛바래지 않고 내 마음의 중심에 오롯이 존재하고 있음을 깨닫는 것입니다. 깨닫는 것은 다름 아니라 그렇게 알고 받아들이고 믿는 것입니다.

지금은 나도 모르게 자꾸만 가리고 덮어씌우려는 익숙한 행위를 잠깐 멈추고 드리운 천을 들춰내는 것을 해보려고 합니다. 한 번 들추었다고 근원의 힘이 갑자기 튀어나오는 것은 아니지만, 일단 시도해보는 것이 중요합니다. 한 차례 시도해봄으로써 또다시 할 수 있는 기회를 얻게 될 테니까요.

자, 이제 문을 떠올려보시기 바랍니다. 문이 저절로 닫히려는 순간에 그 문이 닫히지 않게 하려고 애쓰는 내가 있습니다. 또 어느 순간에는 문이 열리려고 하는데 그 문이 열리지 않게 하려고 안간힘을 쓰는 내가 있습니다. 어떻게 된 걸까요? 왜 그토록 애써 문고리를 잡고 있을까요? 그렇게 사는 것이 옳은지 아닌지에 대해서 생각해보지도 않은 채 문을 반대로 밀려고 늘 손아귀에 힘을 주면서 살아왔던 나를 떠올려보시기 바랍니다.

1. 다음의 시를 직접 낭송해보시기 바랍니다.

문

안수환

내 마음속에는
닫힌 문짝을 열고자 하는 손과
열린 문짝을 닫고자 하는 손이
함께 살았다

닫히면서 열리고
열리면서 닫히는 문살을
힘껏 잡고 있으려니

눈물겨워라 눈물겨워라

2. 시의 느낌을 한 단어로 포착해서 공책에 적어보시기 바랍니다.

3. 2)와 같이 쓴 이유를 한 줄 이상 적어보시기 바랍니다.

4. 인상 깊은 구절을 하나 이상 찾아 적고, 그 구절을 선택한 이유를 써 보시기 바랍니다.

5. 여기에서 '문'은 누구를 말하고 있나요? 혹은 어떤 대상(상황, 사건, 일이 떠오르나요? '문' 하면 떠오르는 사람 혹은 대상을 적어보시기 바랍니다.

6. 5)의 대상에게 하고 싶은 말을 적어보시기 바랍니다. 힘겹게 잡고 있는 내가 아니라, 닫히고 열리는 것을 그대로 수용하며 힘을 뺀 나인 채로 자연스럽게 적어봅시다.

7. 6)을 통해 든 생각과 느낌을 적어봅시다.

8. 전체 소감을 적고 읽어주세요.

04　내 마음의
　　　빛깔

　　마음에는 어둠이 있을까요, 빛이 있을까요? 그것을 어떻게 아느냐고 반문할 수도 있겠습니다. 어차피 마음은 눈에 보이지 않으니 생각하기 나름 아니겠냐고 말할 수도 있겠습니다. 하지만 분명한 것은 우리가 어둠이 아닌 빛의 속성을 갖고서 태어났다는 것입니다. 사후에도 우리가 돌아갈 곳은 빛으로 이뤄져 있습니다. 특별한 경우를 제외하고는 말이지요. 그러니 그 근원의 빛은 우리 마음속에 존재하고 있는 것이 틀림없습니다. 믿지 못한다고 하더라도 마음에 어둠이 있다고 여기는 것보다 빛이 있다고 믿는 편이 훨씬 낫습니다. 우리가 '희망'을 가지고 사는 것이 의미가 있듯이요.

　　우리들 마음에 빛이 있다면 여름엔 파랗고 겨울에는 하얄 거라고 속삭여주는 동요가 있습니다. 어효선 작사 한용희 작곡의 〈파란 마음 하얀 마음〉이라는 노래이지요. 여름에는 왜 파랄까요? 노래를 기억하는 분들은 아마도 아실 테지요. 여름에는 산도 들도 나무도 푸르니까요. 겨울이 하얀 것 또한 하얀 눈이 내리기 때문이지요. 이처럼 상황이나 환경에 따라 달라지는 것이 마음의 빛깔입니다. 하루에도 오만 가지 생각과 감정이 밀려드니 마음의 빛깔이 자주 바뀌는 것은 어찌 보면 당연합니다. 하지만 그럼에도 극단적으로 빛깔이 달라지는 것은 아닙니다. 고유의 빛깔과 인접한 빛깔로 서서히 조금씩 변할 뿐이지요. 특별한 사건이나 상황, 위기나 위협이 없다면 보통은 그렇습니다. 이제 내가 지니고 있는 빛깔이 어떤지 알아볼 때입니다. 최근 한 달을 기준으로 해서 내 마음 빛깔을 떠올려보시면 좋겠습니다.

기본 필기구 외 준비물 : 12색 색연필이나 사인펜(색이 많을수록 더 좋습니다)

1. 최근 한 달을 기준으로 '내 마음의 빛깔' 하면 떠오르는 색을 색연필이나 사인펜에서 하나 골라보세요.

2. 선택한 색으로 공책에 원하는 만큼 색칠합니다.

3. 2)의 아래에 필기구를 사용해서 문득 떠오르는 단어를 적어봅니다.

4. 3)과 같이 쓴 이유를 자세히 적어봅니다.

5. 2)를 자세히 들여다보면서 색칠한 모습을 일상 속의 상황과 연결 지어 어떤 일이 떠오르는지 가만히 생각해보고, 떠오르는 생각을 자연스럽게 적어봅니다.

6. 5)를 행하고 나서 떠오르는 느낌과 생각을 솔직하게 적습니다.

7. 전체 소감을 적고 읽어주세요.

05   마음
         알아차리기

마음은 우리 몸의 어디에 존재하고 있을까요? 마음은 뇌의 작용이니 뇌에만 있을 거라고 생각하기 쉽습니다. 미국의 레슬리 다쿠치 박사는 "기억은 뇌에만 저장되는 것이 아니라 몸에 퍼져 있는, 내장으로 뻗는 신경 경로와 더불어 우리의 피부에까지 퍼져 있는 연결망에도 저장되어 있다"고 하였습니다. 즉, 인체의 모든 세포조직에서 신경펩타이드(neuropeptide, 아미노산의 아미노기 사이에서 물이 떨어져나가고 차례로 연결해 사슬 모양을 이룬 채 화학결합한 것)를 발견한 그는 세포 수용체를 통해 생각이나 기억이 무의식 속에 남아 있다가 의식으로 되살아날 수 있다고 했습니다. 말하자면, 마음은 온몸에 있는 것입니다. 그래서 때로는 검사해보면 정상인데도 배가 아프거나 팔이 아프거나 심지어는 팔다리가 마비되기도 합니다. 이 모든 것이 마음의 작용입니다.

이제, 더하거나 빼지 않고 내 마음을 있는 그대로 바라보는 기회를 갖고자 합니다. 마음 안에 빠져 있어서는 내 마음을 바라볼 수가 없습니다. 내 마음이 어떤 상태이며 어떤 모습을 하고 있는지 알기 위해서는 잠시 마음에서 빠져나와 내 마음을 관찰해야 합니다. 어떻게 그런 것이 가능하냐고요? 우리는 인간이기 때문이지요. 인간은 지구상의 모든 생명체를 통틀어서 자신의 마음을 성찰하고 통찰하는 능력을 가진 유일한 존재입니다. 이제 이 능력을 마음껏 발휘해보겠습니다. 함께 다음에 펼쳐진 자리로 이동할까요?

글빛
마음빛
●━●━●━●━ 0 5

기본 필기구 외 준비물 : 12색 색연필이나 사인펜(색이 많을수록 더 좋습니다)

1. '지금, 현재, 이 순간의 내 마음' 하면 떠오르는 색을 색연필이나 사인펜에서 하나 골라보세요.

2. 선택한 색으로 공책에 '지금, 현재, 이 순간의 내 마음'의 모양을 떠오르는 대로 자유롭게 그리고 색칠해보시기 바랍니다.

3. 2)의 아래에 필기구를 사용해서 문득 떠오르는 단어를 적어봅니다.

4. 3)과 같이 쓴 이유를 자세히 적어봅니다.

5. 2)를 자세히 들여다보면서 색칠한 모습을 내 경험과 연결 지어 어떤 일이 떠오르는지 가만히 생각해보고, 떠오르는 생각을 자연스럽게 적어봅니다.

6. 5)를 행하고 나서 떠오르는 느낌과 생각을 솔직하게 적습니다.

7. 전체 소감을 적고 읽어주세요.

06   감정의 바다에서 헤엄치기

'감정'을 순수한 우리말로 옮기면 '마음의 빛깔'입니다. 하루에도 여러 번 감정이 달라지듯이 마음의 빛깔도 달라지지요. 그런가 하면, 사소한 것에 감정이 상하기도 합니다. 상한다는 것은 원래의 순수하고 선한 마음이 망가진다는 의미이지요. 실제로 한자어 감感에는 '느끼다'뿐만 아니라 '마음을 움직이다', '고맙게 여기다'라는 뜻도 있습니다. 그러니까 원래의 마음은 고맙게 여기는 선량한 마음인데 그것이 상황이나 이해관계 때문에 상하게 된다는 것이겠지요.

솔직하게 내 감정의 바다를 들여다볼 차례입니다. 있는 그대로, 잠시 감정 밖으로 빠져나와서 내 감정을 관찰해보겠습니다. 이제는 수평으로 빠져나오는 것이 아니라 수직으로 이동해서 높은 곳에서 내 감정을 살펴보겠습니다.

지난 한 달을 기준으로 해서 내 감정을 살펴봅시다. 자, 함께 시작해볼까요?

기본 필기구 외 준비물 : 12색 색연필이나 사인펜(색이 많을수록 더 좋습니다)

1. '내 감정의 바다' 하면 떠오르는 색을 색연필이나 사인펜에서 하나 골라보세요.

2. 나는 지금 높은 산 위에 있습니다. 지난 한 달 동안 내 감정이 어떻게 흘렀는지 알 수 있습니다. 산 위에서 감정의 흐름을 높낮이로 나타내 보시기 바랍니다. 공책을 가로로 놓고 1)에서 선택한 색깔로 감정의 파도를 선으로 그려 넣어봅시다. 감정이 높으면 높은 선으로, 낮으면 낮은 선으로 나타내어 선들이 이어지게 파도 모양으로 그리면 됩니다.

3. 2)의 그림에서 파도가 높을 때와 낮을 때를 선택해서 각각 떠오르는 단어를 위아래에 적어봅시다.

4. 3)과 같이 쓴 이유를 공책의 다른 면에 자세히 적어보시기 바랍니다.

5. 감정의 파도의 색깔을 선택한 이유를 적어봅시다.

6. 4), 5)를 행하고 나서 떠오르는 느낌과 생각을 솔직하게 적습니다.

7. 전체 소감을 적고 읽어주세요.

마음 나누기

- ◆ -

공감과 소통

빛깔을 통해 마음을 이었다면, 다음은 공감共感의 단계입니다. 공감은 상대의 감정과 의견, 주장에 대하여 자기도 그렇다고 느끼는 것을 말하며, 한마디로 '마음 나누기'라고 할 수 있습니다. 문제 상황으로 인해 불거진 정서와 감정을 보살피고 안타까워하는 마음을 전하는 것이 바로 '마음을 나누는 것'입니다. 마음 나누기는 내 마음의 빛깔을 알아차리고 용기를 내어 마음의 문을 열려고 할 때, 자연스럽게 진입할 수 있습니다. 마음을 나눈다는 것은 상대의 말과 표정과 행동에 고개를 끄덕이며 받아들이는 것을 말합니다. 마음을 나누는 핵심적인 작용은 이해와 수용입니다. 올바른 이해와 수용이 작용한다면 서로의 마음으로 자연스럽게 들락날락할 수 있게 됩니다.

　　내가 아는
　　　　내 마음

　마음을 나누는 것은 앞에서 살펴본 바대로 공감共感을 말합니다. 공감은 타인의 감정, 의견, 주장에 대하여 자신도 그렇다고 느끼는 것을 말합니다. 우리의 '공감'은 타인이 아니라 진솔한 나와 함께하는 공감입니다. 내 안의 내가 말하고 느끼고 생각하는 것을 그대로 수용하고 인정하고 이해하는 과정을 경험하려고 합니다. 내가 아는 내 마음은 이해하기 쉬워 보이지만 실은 그렇지 않습니다. 내가 내 마음을 모를 때가 많고, 내 마음을 무시할 때도 많습니다. 저의 경우를 고백하자면 내 마음 따위는 거들떠보지도 않고 머리가 계산하여 시키는 대로 행할 때가 많았습니다. 이성적인 판단보다 감정을 앞세우면 안 된다는 인식이 지배적이었기 때문입니다. 그러는 동안 마음은 알게 모르게 상처를 입고 위축되어 있었으며, 심할 때는 피 흘리며 울고 있었습니다. 그 마음을 달래주기는커녕 오히려 누르고 짓밟고는 그런 마음을 누가 볼세라 숨기기에 바빴습니다.

　이제 그 마음을 있는 그대로 마주하려고 합니다. 오랫동안 처박혀 있었던 마음을 찬란한 햇빛 아래 마음껏 뛰놀게 하

려고 합니다. 그 마음과 소통하기 위해 제일 먼저, 내 마음의
문을 활짝 열어보시기 바랍니다.

먼저, 내가 아는 내 마음입니다. 충분히 짐작할 수 있고
알 수 있는 마음, 혹은 당장은 잘 몰라도 조금만 자극을 가하
면 이내 알아차릴 수 있는 마음이지요. 그 마음을 한번 들여다
볼까요?

1. 공책의 왼쪽(반드시 왼쪽이어야 합니다)에 '내가 싫어하는 나' 하면 떠오르는 단어를 한 가지 적어봅시다.

2. 1)과 같이 쓴 이유를 한 줄 이상 적어봅시다.

3. 공책의 오른쪽(반드시 오른쪽이어야 합니다)에 '내가 좋아하는 나' 하면 떠오르는 단어를 한 가지 적어봅시다.

4. 3)과 같이 쓴 이유를 한 줄 이상 적어봅시다.

5. 공책의 왼쪽과 오른쪽을 펴서 내가 적은 글을 한번 찬찬히 살펴보시기 바랍니다. 그다음, 양쪽을 하나로 포개어 서로 포옹하게 한 뒤 새로운 장으로 공책을 넘깁니다.

6. 새로운 장에 '내 안에는 싫어하는 나와 좋아하는 내가 함께 있습니다'로 시작하는 글을 적어봅시다. 원하는 만큼 적되 적어도 세 문장 이상은 적어봅시다.

7. 6)을 다 적고 나서 현재의 느낌과 생각을 한 줄 이상 적어보시기 바랍니다.

8. 전체 소감을 적고 읽어주세요.

내 눈물을
닦아주며

우리의 기억은 감정이 수반될수록 강렬하게 오래 남습
니다. 좋은 기억은 마음을 편안하고 즐겁게 해주지만, 살아가
다가 불현듯 떠오르는 기억들은 대개 아프고 쓰라린 기억들입
니다. 살아가는 것에는 어느 정도의 스트레스가 따르기 마련
이지요. 이렇듯 우리는 피할 수 없는 스트레스를 안고 살아가
지만, 정신적으로 건강하다면 일상적인 스트레스쯤은 먼지처
럼 가볍게 떨쳐낼 수 있습니다. 상황에 따라 더 큰 스트레스가
오더라도 시간을 두고 극복해나갈 수 있습니다. 그렇지만 정
신적으로 견디기 힘들 만큼 큰 강도의 스트레스와 맞닥뜨리거
나, 정신적인 면역이 미처 형성되지 못한 상태에서 스트레스
를 만나게 되면 회복하기 힘들어집니다. 그때는 마음의 인큐
베이터 안에서 특별하고 세심하게 영양을 공급받고 휴식을 취
해야 합니다. 우선은 그런 특수한 경우가 아닌, 일상의 스트레
스 상황에 대해 이야기를 꺼내보려고 합니다.

정신적인 면역력이 떨어지는 이유는 다음과 같습니다.
먼저 외부적인 요인입니다. 심하지 않지만 오랫동안 지속적인
스트레스 상황에 놓일 때, 그리고 빈번하게 스트레스가 가해

질 때입니다. 그다음, 내부적인 요인을 살펴보면 어떤 스트레스가 과거 혹은 최근의 상처를 자극하게 될 때, 나아가 그 상처가 아물지 않은 채 방치될 때입니다.

　살다 보면 여러 예기치 못한 일들이 일어날 수 있습니다. 대비할 겨를도 없이 순식간에 맞닥뜨릴 수도 있고, 경우에 따라 치명적일 수도 있습니다. 그 모든 경우에서 안전하기 위해서는 정신적 면역을 기르고 내면을 건강하게 유지해야 합니다. 지금 우리가 이렇게 치유를 위한 글쓰기를 행하는 것도 바로 이러한 정신적 면역력을 증강하기 위한 것이지요. 자, 이제 본론으로 들어가봅시다. 먼저 강렬한 상처부터 만나볼까요? 마음챙김에 근거한 스트레스 완화 프로그램^{MBSR, Mindfulness-Based Stress Reduction}의 창시자인 존 카밧진^{Jon Kabat-Zinn}은 "심원한 치유의 직관은 당신이 정서적 통증을 일어나는 대로 깊게 바라볼 수 있을 때 생겨난다"라는 말을 했습니다. 치유를 위해서 용기 있게 걸음을 내디뎌보시기 바랍니다.

1. '나만의 새'를 만나봅시다. '나만의 새'는 내 과거와 현재를 잘 알고
있습니다. 오로지 나를 안아주고 품어주며 위로와 격려만 해주는 새
입니다. 충고나 비판이나 부정적인 말은 아예 할 수 없는 새입니다.
이 점을 꼭 기억해주시기 바랍니다. 내가 태어난 순간부터 내 마음속
에서 나와 함께 살아온 새. 그 새의 존재를 나는 지금에서야 알아차
립니다. 새의 이름을 지어주세요. 이제 내가 부르고 떠올린 대로 '나
만의 새'는 모습을 드러낼 것입니다. 얼마나 큰가요? 어떤 빛깔을 하
고 있나요? 어떻게 생겼나요? 세밀하게 들여다보시기 바랍니다. 어
떤 특징이 있나요? 이 모든 것을 하나하나 공책에 적어보세요.

2. 이번에는 눈을 감고 허리를 반듯하게 펴서 척추를 세우고 앉습니다.
고개를 정면으로 향하고, 의자에 앉아 있다면 깊숙이 바른 자세로 앉
습니다. 혹시 몸이 불편하거나 허리가 아프다면 눕거나, 의자 등받이

혹은 벽에 기대어도 됩니다. 복식호흡을 스무 번 정도 해봅시다. 복식호흡을 하면 숨을 들이마실 때 배가 부풀어 오르고 내쉴 때 배가 꺼집니다. 잘되지 않으면 내쉬는 것에 집중해서 입으로 소리가 약간 날 정도로 충분히 내쉬어보시기 바랍니다. 그러면 충분히 들이마실 수 있습니다. 양손을 배 위에 얹고 배가 움직이는 것을 그대로 느껴보시기 바랍니다. 배가 부풀었다가 꺼졌다가 하는 것을 손으로 느껴보시기 바랍니다. 온몸을 이완해보시기 바랍니다. 호흡할수록 몸이 이완되는 것을 느껴보시기 바랍니다. 호흡은 원하는 만큼 횟수를 늘려서 더 해도 됩니다. 어느 정도 몸이 이완되면, 배에서 손을 떼고 무릎 위에 놓으시면 됩니다.

3. 충분히 이완되었으면 이제 '나만의 새' 이름을 부릅니다. 새 이름을 세 번 부르면, 나만의 새가 또렷하게 내 앞에 나타날 겁니다. 그다음, 과거의 '상처'를 입었던 순간으로 새를 보내보시기 바랍니다. 속으로 하나, 둘, 셋! 하고 세면 과거로 날아갈 수 있습니다. 과거 속의 나를 찾아보세요. '나만의 새'가 과거의 나에게 다가가 위로와 격려의 말을 하며 안아주고 품어주는 것을 그대로 느껴보시기 바랍니다. 그리고 나만의 새와 대화를 나눠보시기 바랍니다. 그러고 나서 천천히 지금, 현재, 이 순간으로 돌아오면 됩니다. 돌아올 때는 다시 하나, 둘, 셋! 하고 센 다음 눈을 뜨면 됩니다. 그러면 자연스럽게 '나만의 새'는 내 마음 안으로 날아가게 됩니다. 나만의 새는 언제, 어디서나 내 마음속에서 나와 함께합니다. 내가 이름을 부르면, 곁으로 날아와 나에게 위로와 격려를 건넵니다. 이제, 나만의 새를 내 마음속으로 날아가게 해보시기 바랍니다.

4. 3)에서 과거 언제, 어디로 갔는지, 나만의 새와 대화한 내용을 공책에 그대로 옮겨 적어보시기 바랍니다. 눈을 감은 채 제시문대로 했을 때 아무것도 떠오르지 않았다고 해도 괜찮습니다. 눈을 뜬 채 '내 마음의 새'가 어디로 갔을 것 같은지, 과거의 어느 때로 가서 나를 위로해줬을지 상상해서 적으셔도 좋습니다.

5. 4)를 한 후 어떤 생각과 느낌이 드는지 적어주시기 바랍니다.

6. 전체 소감을 적고 읽어주세요.

09   어린 나와
      대화 나누기

　당신 인생의 첫 기억을 떠올려보시기 바랍니다. 몇 살 때인가요? 무엇을 할 때인가요? 일곱 살, 여섯 살, 세 살, 두 살, 혹은 그보다 더 어릴 수도 있습니다. 누군가에게 들었던 기억일 수도 있고, 내가 직접 떠올린 기억일 수도 있습니다. 그 기억에 대해 어떤 감정을 품고 있나요? 아무런 감정이 없을 수도 있고, 뭔가 인상적인 감정으로 남아 있을 수도 있습니다. 그 모든 가능성을 열어두고 첫 기억 속의 나를 만나보시기 바랍니다. 첫 기억은 내가 간직한 내 삶의 첫인상입니다. 첫인상이 마지막까지 이어질 수도 있고 아닐 수도 있습니다. 모든 처음을 중요하게 인식하게 되듯이 첫 기억도 내 삶에서 중요하게 작용하기 마련입니다. 그 기억 속의 나를 만나려고 합니다.

1. 눈을 감고 허리를 반듯하게 펴서 척추를 세우고 앉습니다. 고개를 정면으로 향하고, 의자에 앉아 있다면 깊숙이 바른 자세로 앉습니다. 혹시 몸이 불편하거나 허리가 아프다면 눕거나, 의자 등받이 혹은 벽에 기대어도 됩니다. 복식호흡을 스무 번 정도 해봅시다. 복식호흡을 하면 숨을 들이마실 때 배가 부풀어 오르고 내쉴 때 배가 꺼집니다. 잘되지 않으면 내쉬는 것에 집중해서 입으로 소리가 약간 날 정도로 충분히 내쉬어보시기 바랍니다. 그러면 충분히 들이마실 수 있습니다. 양손을 배 위에 얹고 배가 움직이는 것을 그대로 느껴보시기 바랍니다. 배가 부풀었다가 꺼졌다가 하는 것을 손으로 느껴보시기 바랍니다. 온몸을 이완해보시기 바랍니다. 호흡할수록 몸이 이완되는 것을 느껴보시기 바랍니다. 호흡은 원하는 만큼 횟수를 늘려서 더 해도 됩니다. 어느 정도 몸이 이완되면, 배에서 손을 떼고 무릎 위에 놓으시면 됩니다.

2. 충분히 이완되었으면 이제 '나만의 새' 이름을 부릅니다. 새 이름을 세 번 부르면, 나만의 새가 또렷하게 내 앞에 나타날 겁니다. 그다음, 내 첫 기억의 순간으로 새를 보내보시기 바랍니다. 속으로 하나, 둘, 셋! 하고 세면 첫 기억으로 날아갈 수 있습니다. 과거 속의 나를 찾아보세요. '나만의 새'가 과거의 나에게 다가가 위로와 격려의 말을 하며 안아주고 품어주는 것을 그대로 느껴보시기 바랍니다. 나만의 새

와 대화를 나눠보시기 바랍니다. 그러고 나서 천천히 지금, 현재, 이 순간으로 돌아오면 됩니다. 돌아올 때는 다시 하나, 둘, 셋! 하고 센 다음 눈을 뜨면 됩니다. 그러면 자연스럽게 '나만의 새'는 내 마음 안으로 날아가게 됩니다.

3. 2)에서 과거 언제, 어디로 갔는지, 나만의 새와 대화한 내용을 공책에 그대로 옮겨 적어보시기 바랍니다. 눈을 감은 채 제시문대로 했을 때 아무것도 떠오르지 않았다고 해도 괜찮습니다. 눈을 뜬 채 '내 마음의 새'가 첫 기억 속의 어린 나한테 가서 어떻게 나를 감싸 안아줬을지 상상해서 적으셔도 좋습니다.

4. 3)을 한 후 어떤 생각과 느낌이 드는지 적어주시기 바랍니다.

5. 전체 소감을 적고 읽어주세요.

10 현명한 나를
불러내기

그동안 나는 지혜로운 삶을 살아왔다고 자부할 수 있을까요? 그런 순간도 분명 있었겠지만, 돌이켜보면 후회스러울 때가 더 많을 것입니다. 그래서 이렇게 할걸, 저렇게 할걸, 하고 후회하게 되지요. 하지만 과거는 이미 흘러가버렸습니다. 물론 후회가 쓸모없기만 한 것은 아닙니다. 우리는 후회하면서 성찰하고, 실수를 되풀이하지 않겠다는 의지를 다짐으로써 이후 비슷한 일이 생겼을 때 다른 식으로 대처할 수 있게 되지요. 후회야말로 가장 좋은 기회입니다. 성공은 무수한 실패의 경험을 바탕으로 합니다. 성공이라는 말의 정의를 새롭게 내려보고자 합니다. '성공은 고난의 극복입니다!'

자, 이제 과거가 아니라 미래를 향해 가볼까요. 미래의 어딘가로 자연스럽게 낚싯줄을 툭 던져보시기 바랍니다. 우리가 낚을 것은 바로 '현명한 나'입니다. 지금보다 훨씬 더 현명하고 지혜롭고 따뜻하고 너그럽고 배려심 많은 나의 이미지를 미래 속에서 찾아보시기 바랍니다. 그러면 미래의 내가 분명히 답할 것입니다.

1. '지금보다 현명한 나' 하면 몇 살의 내가 떠오르나요? 지금으로부터
몇 년 후의 나인가요? 현명한 나를 미래에서 찾아보시기 바랍니다.
'현명한 나' 하면 떠오르는 나이를 적고, 이미지를 떠올려서 한 단어
로 나타내고 그 이유를 적어봅시다.

2. 1)에서 떠올린 내가 지금, 현재, 이 순간의 나에게 들려주는 메시지
를 적어봅시다. 어떤 말이든 좋습니다. 펜을 들고 적는 순간, 나는
'현명한 나'와 한마음이 되어 지금의 나에게 말을 거는 것입니다.

3. 지금, 현재, 이 순간의 나로 돌아와서 2)의 메시지를 찬찬히 읽어보
시기 바랍니다.

4. 3)을 한 후 어떤 생각과 느낌이 드는지 적어보시기 바랍니다.

5. 전체 소감을 적고 읽어주세요.

11　기억 속의 나를
　　　　다시 기억하기

앞서 감정이 연결된 기억들이 오래 자리한다는 말을 했습니다. 그 감정이 긍정적인 것이라면 더할 나위 없이 좋은 추억으로 여길 수 있지요. 대부분 강렬하고 오래된 기억들은 위협과 두려움을 느꼈던 상황에서 뇌 안의 편도체라는 부분에 경고등이 켜지게 된 경우가 많습니다. 생명의 위험 신호를 감지하면서 스스로를 보호하려는 기제가 생기기 때문이지요. 그래서 편도체가 활성화된 두려움과 위협적인 기억이 불쑥불쑥 올라오곤 합니다. 만성적인 스트레스 상황에 놓여 있거나 과거 겪었던 일과 비슷한 상황을 맞닥뜨리면 온몸이 긴장하게 되고 도망치거나 싸우려는 자세를 취하게 됩니다.

　생존을 위해서는 이러한 과정들이 필수적입니다. 하지만 그렇지 않은 경우에도 편도체가 과하게 활성화되어 계속 경고등이 켜져서 일상생활에 지장을 준다면 문제가 되겠습니다. 그런 경우라면 보다 세밀하고 전문적인 치료가 필요합니다. 여기서는 편도체의 과활성화를 유발하는 트라우마 상황이 아닌, 일반적인 기억의 상황에서 나를 재발견하는 시도를 해보고자 합니다. 이렇게 함으로써 미처 몰랐던 나를 알아차

리고 내 안에 잠재된 힘을 발굴해내는 놀라운 기회를 가지게
될 것입니다.

1. '나만의 기억 속 한 장면'이라고 하면 떠오르는 단어를 하나 적어주시기 바랍니다. 그 단어를 쓴 이유를 적어주시기 바랍니다.

2. 1)의 단어와 연관된 기억 속 장면을 구체적으로 적어주시기 바랍니다.

3. 2)의 장면에서 나를 찾아보시기 바랍니다. 과거의 나에게 지금, 현재, 이 순간의 내가 들려주는 '위로와 격려'의 메시지를 적어보시기 바랍니다. 어쨌든 나는 과거의 그 순간을 견뎌냈고, 버텨냈습니다. 그래서 지금 현재의 삶을 살고 있는 것이지요. 충고나 비판이 아니라 '위로와 격려'의 메시지를 적어주시기 바랍니다.

4. 3)의 메시지를 소리 내어 자기 자신에게 읽어준 다음 어떤 생각과 느
낌이 드는지 적어주시기 바랍니다.

5. 전체 소감을 적고 읽어주세요.

12 마음
어루만지기

마음을 어루만지는 것은 어렵지 않으나 소홀히 하는 경우가 많습니다. 누군가 내 마음을 어루만져주길 바라지만, 우리가 기다리는 누군가는 존재하지 않습니다. 설령 그런 사람이 있다 한들 내가 원하는 만큼 내 마음을 어루만져줄 수도 없습니다. 내 마음을 어루만지는 것은 결국 나만이 할 수 있습니다. 우리는 이미 '나만의 새'를 만났습니다. 나만의 새는 태어나는 순간부터 내 마음 안에 늘 살고 있었습니다. 다만 내가 몰랐던 것뿐이지요. 나만의 새는 비판이나 충고를 하지 못합니다. 오직 위로와 격려와 따뜻한 지지를 해주면서 품어주기만 하는 새입니다. 이제 이 새를 지금, 현재, 여기에서 만날 것입니다. 새를 불러내는 방법은 지극히 간단합니다. 나만의 새 이미지를 떠올리고 속으로, 혹은 소리 내어 이름을 세 번 부르면 언제든지 나타나지요. 그리고 나와 대화를 하고 나면 나만의 새는 알아서 내 마음속으로 들어갑니다. 언제나, 어디서나, 내가 이 세상을 살아가는 동안 나만의 새는 나에게 위로와 격려를 해주기 위해 내 마음속에 살고 있습니다.

1. 눈을 감고 허리를 반듯하게 펴서 척추를 세우고 앉습니다. 고개를 정면으로 향하고, 의자에 앉아 있다면 깊숙이 바른 자세로 앉습니다. 혹시 몸이 불편하거나 허리가 아프다면 눕거나, 의자 등받이 혹은 벽에 기대어도 됩니다. 복식호흡을 스무 번 정도 해봅시다. 복식호흡을 하면 숨을 들이마실 때 배가 부풀어 오르고 내쉴 때 배가 꺼집니다. 잘되지 않으면 내쉬는 것에 집중해서 입으로 소리가 약간 날 정도로 충분히 내쉬어보시기 바랍니다. 그러면 충분히 들이마실 수 있습니다. 양손을 배 위에 얹고 배가 움직이는 것을 그대로 느껴보시기 바랍니다. 배가 부풀었다가 꺼졌다가 하는 것을 손으로 느껴보시기 바랍니다. 온몸을 이완해보시기 바랍니다. 호흡할수록 몸이 이완되는 것을 느껴보시기 바랍니다. 호흡은 원하는 만큼 횟수를 늘려서 더 해도 됩니다. 어느 정도 몸이 이완되면, 배에서 손을 떼고 무릎 위에 놓으시면 됩니다.

2. 충분히 이완되었으면 이제 '나만의 새' 이름을 부릅니다. 새 이름을 세 번 부르면, 나만의 새가 또렷하게 내 앞에 나타날 겁니다. '나만의 새'가 지금, 현재, 이 순간의 나에게 다가가 위로와 격려의 말을 하며 안아주고 품어주는 것을 그대로 느껴보시기 바랍니다. 그리고 나만의 새와 대화를 나눠보시기 바랍니다. 충분히 대화한 후 작별 인사를 잠시 나누고 다시 하나, 둘, 셋! 하고 센 다음 눈을 뜨면 됩니다. 그러

면 자연스럽게 '나만의 새'는 내 마음 안으로 날아가게 됩니다.

3. 2)에서 나만의 새와 지금, 현재, 이 순간의 내가 나눈 대화를 공책에 그대로 옮겨 적어보시기 바랍니다. 눈을 감은 채 제시문대로 했을 때 아무것도 떠오르지 않았다고 해도 괜찮습니다. 눈을 뜬 채 '내 마음 의 새'가 지금, 현재, 이 순간 나타나 나를 위로해주는 것을 상상해서 적으셔도 좋습니다.

4. 3)을 한 후 어떤 생각과 느낌이 드는지 적어주시기 바랍니다.

5. 전체 소감을 적고 읽어주세요.

마음 합하기

— ◆ —

감정이입과 포옹

마음 잇기의 세 번째 단계는 마음을 합하는 것입니다. 우리는 앞에서 마음의 빛깔 나누기와 마음 나누기를 했습니다. 이제 마음을 합하려고 합니다. 이를 '감정이입^{感情移入}'이라고도 합니다. 감정이입은 다른 사람의 입장에서 생각하거나 다른 사람의 감정, 욕구, 사고, 행위들을 이해하는 능력을 말합니다. 마음의 빛깔을 맞추고, 마음을 나누고 난 이후, 상대의 갈등과 아픔을 마치 그 상황에서 함께 겪은 것처럼 느낄 수 있는 것을 의미합니다. 또한 문제 상황에서 헤쳐 나오도록 힘을 북돋아주고, 치유의 힘으로 마음이 스며들게 하는 것을 말합니다. 이러한 과정에서 치유의 긍정 에너지가 일어나는 것을 경험할 수 있습니다.

13 일상 속의
나한테 말하기

일상은 평범한 삶 가운데 있지만, 때때로 힘겹고 고단하기도 합니다. 반복되는 삶 속에서 기계적으로 살아가다 보면 힘이 빠지기도 하지요. 일상을 벗어나서 볼 때, 비로소 우리는 일상의 소중함을 깨닫게 됩니다. 평소에는 특별할 것 없어 보이던 나날이지만, 일상을 벗어나게 되면 다시 그곳으로 돌아가기를 간절히 원하게 되지요. 물론 특수하고 다사다난한 삶도 있을 수 있습니다. 그런 경우 매일 마주하는 일상은 버겁기 그지없겠지요. 예를 들어 가족의 일상이 고통과 아픔으로 가득 차 있고, 그런 상태가 지속되거나 주기적으로 되풀이된다면, 그런 일상이야말로 힘겨운 상황이라고 할 수 있습니다. 그런 경우라면 어쩔 수 없이 견디다가 어느 시점에 그 일상으로부터 탈출하는 것이 바람직할 수도 있겠습니다. 삶에는 정답이 없습니다. 어떤 것을 선택하든 책임이 뒤따르고, 우리는 행위에 따르는 결과를 기꺼이 받아들이며 살아갈 뿐입니다. 그렇지만, 지금은 힘겨운 일상이든 너무 평범해서 지루한 일상이든 그 일상을 살아오고 있는 나를 만날 때입니다.

1. 오늘 하루를 떠올려보고 한 단어로 나타내보시기 바랍니다.

2. 1)과 같이 쓴 이유를 한 줄 이상 적어보시기 바랍니다.

3. 최근 한 달 동안의 일상을 떠올려보고 한 단어로 나타내보시기 바랍
니다.

4. 3)과 같이 쓴 이유를 한 줄 이상 적어보시기 바랍니다.

5. '내가 원하는 일상' 하면 떠오르는 것을 한 단어로 나타내보시기 바
랍니다.

6. 5)와 같이 쓴 이유를 한 줄 이상 적어보시기 바랍니다.

7. 5)가 언제 이뤄질지, 이루기 위해서는 어떻게 해야 할지 적어보시기 바랍니다.

8. 1), 3)의 일상에 점수를 매긴다면 10점 만점 중 몇 점인가요? 수치로 나타내보고, 그 이유를 간단하게 적어보시기 바랍니다.

9. 5)를 이루기 위해 지금, 현재, 이 순간 내가 해야 할 것은 무엇일까요? 한 가지 이상 적어보시기 바랍니다.

10. 전체 소감을 적고 읽어주세요.

14   기억 여행과
추억 여행

기억은 경험했던 상황에 대한 인상 혹은 경험 그 자체를 의식 속에 간직하거나 도로 생각해내는 것을 말합니다. 추억은 지나간 일을 돌이켜 생각하는 것, 또는 그런 생각을 말합니다. 이 두 가지의 말은 과거의 경험을 일컫는다는 점에서 흔히 같은 말로 여겨지지요. 기억記憶은 지난 일을 잊지 않고 간직하는 것을 의미합니다. 반면 추억追憶은 지난 일을 돌이켜서 생각하는 것이지요. 즉, 추억은 주체적이고 능동적인 노력이 필요하다는 의미를 포함하고 있습니다. 기억은 할 수도 있고 못 할 수도 있지만, 추억은 하고 못 하고의 개념이 아니라 감정에 따라 부정적 추억과 긍정적 추억으로 구별됩니다. 따라서 '추억'은 이미 기억하고 있다는 전제하에서 감정이 더해진 것이라고 할 수 있습니다.

여기서는 두 단어의 의미를 함께 모아서 기억 혹은 추억의 여행을 떠나보려고 합니다. 경우에 따라서는 기억 여행이 될 수도 있고, 또 누군가에게는 추억 여행이 될 수도 있겠습니다. 과거의 어느 순간이 떠오른다면 우리가 원하는 여행이 이뤄진 것입니다. 자, 이제 함께 떠나볼까요?

1. 유월의 어느 아침, 어정쩡한 시간에 일어나서 잠시 주저하다가 밖으로 나가는 사람이 있습니다. 밖으로 나간 그는 불현듯 어떤 기억을 떠올립니다. 일상에서는 좀처럼 떠오르지 않던 기억이 짙은 녹음 속에서 순간 튀어나오는 것을 느낍니다. 그것을 '기억의 숨소리'라고 했지요. 자, 이제 다음의 시를 소리 내어 낭송해봅시다.

기억이 나를 본다

토마스 트란스트뢰메르

유월의 어느 아침, 일어나기엔 너무 이르고
다시 잠들기엔 너무 늦은 때.

밖에 나가야겠다. 녹음이
기억으로 무성하다, 눈뜨고 나를 따라오는 기억.

보이지 않고, 완전히 배경 속으로
녹아드는, 완벽한 카멜레온.

새소리가 귀먹게 할 지경이지만,
너무나 가까이 있는 기억의 숨소리가 들린다.

2. 시를 다시 한번 낭송해보시기 바랍니다. 낭송하면서 떠오르는 단어 하나를 써봅시다.

3. 2)와 같이 쓴 이유를 한 줄 이상 적어보시기 바랍니다.

4. 이 시에서처럼 평상시에는 숨어 있다가 때때로 불쑥 튀어나오는 '기억' 하나를 구체적으로 적어보시기 바랍니다.

5. 4)를 하고 나서 어떤 느낌과 생각이 드는지 적어보시기 바랍니다.

6. 전체 소감을 적고 읽어주세요.

15 빛나는
마음 여행

'여행'이라고 하면 무엇이 떠오르시나요? 여행에는 일 상을 바꾸는 힘이 있습니다. 떠났다가 돌아오기 때문이지요. 가기만 하고 오지 않으면 그것은 '여행'이 아닌 거지요. 업무 차 어쩔 수 없이 떠나는 여행도 있겠지만, 아마도 당신은 그 런 여행을 떠올리지 않을 것 같습니다. '여행'이라고 소리 내 어 발음해보시기 바랍니다. 그리고 내가 원하는 여행을 상상 해보세요.

여행을 떠나는 마음은 더없이 즐겁고 가볍습니다. 설레 고 기쁘기도 합니다. 누군가와 함께 떠날 수도 있겠지만, 지금 은 누군가와 함께하고 싶은 마음을 잠시 내려놓으시기 바랍 니다. 여기서는 혼자서 떠나는 마음 여행을 해보려 합니다. 혼 자 하는 여행이라고 하지만, 결코 혼자는 아닙니다. 여행을 통 해서 만나고 싶은 이들, 불쑥 찾아온 이들과 함께할 테니까요. 그저 지금은 '여행'이라는 느낌을 음미해보시기 바랍니다. 가 볍고, 신나고, 즐겁게 말이지요.

그게 바로 여행을 위한 준비입니다. 손과 마음이 가벼울 수록 이 여행은 제대로 이뤄질 겁니다. 자, 이제 떠나볼까요?

1. '마음 여행지'로 떠나기 위한 티켓이 지금 내게 있다고 상상해보시기 바랍니다. 이 티켓을 갖고 있으면 신기하게도 여행지에 대해 떠올리는 순간 어디든지 갈 수 있습니다. 잠시 눈을 감고 복식호흡을 열 번 정도 하면서 내 마음을 어디로 보낼지 떠올려보시기 바랍니다. 나는 과거로, 미래로, 아직 경험해보지 못한 곳으로 갈 수 있습니다. 자유롭게 그곳을 떠올려보시기 바랍니다. '마음 여행지'를 결정했다면 눈을 뜹니다.

2. 1)에서 떠올린 곳을 공책에 적어봅시다. 그리고 그렇게 결정한 이유도 아래에 적어봅시다.

3. 잠시 필기구를 내려놓고서 눈을 감고 복식호흡을 열 번 정도 합니다. 이번에는 눈을 감고 허리를 반듯하게 펴서 척추를 세우고 앉습니다. 고개를 정면으로 향하고, 의자에 앉아 있다면 깊숙이 바른 자세로 앉

습니다. 혹시 몸이 불편하거나 허리가 아프다면 눕거나, 의자 등받이 혹은 벽에 기대어도 됩니다. 복식호흡을 스무 번 정도 해봅시다. 복식호흡을 하면 숨을 들이마실 때 배가 부풀어 오르고 내쉴 때 배가 꺼집니다. 잘되지 않으면 내쉬는 것에 집중해서 입으로 소리가 약간 날 정도로 충분히 내쉬어보시기 바랍니다. 그러면 충분히 들이마실 수 있습니다. 양손을 배 위에 얹고 배가 움직이는 것을 그대로 느껴보시기 바랍니다. 배가 부풀었다가 꺼졌다가 하는 것을 손으로 느껴보시기 바랍니다. 온몸을 이완해보시기 바랍니다. 호흡할수록 몸이 이완되는 것을 느껴보시기 바랍니다. 호흡은 원하는 만큼 횟수를 늘려서 더 해도 됩니다. 어느 정도 몸이 이완되면, 배에서 손을 떼고 무릎 위에 놓으시면 됩니다. 나는 지금 내가 정한 '마음 여행지'로 가고 있습니다. 잠시 후 마음속으로 하나, 둘, 셋, 하고 세면, 그곳에 도착해 있을 것입니다. 마음속으로 셋을 셉니다. 그곳에 도착한 나를 떠올려봅니다. 언제인지, 어떤 곳인지, 누구를 만났는지, 어떤 일이 있었는지를 고스란히 느껴보시기 바랍니다. 찬찬히 전부 느꼈다면, 다시 마음속으로 하나, 둘, 셋, 하고 셉니다. 그럼 그곳을 나와서 지금, 여기로 돌아오게 됩니다. 여행을 마무리하고 싶다면, 스스로 셋을 세고 현재로 돌아오시기 바랍니다.

4. 눈을 뜨고 나서 그 여행지에 대해 구체적으로 적어보시기 바랍니다. 언제, 어떤 곳에서 누구와 만나 대화를 나눴는지, 어떤 일이 있었고, 어떤 느낌인지를 적으면 됩니다. 눈을 감은 채 제시문대로 했을 때 아무것도 떠오르지 않았다고 해도 괜찮습니다. 어디로 갔을 것 같은지, 어떤 일이 있었을지, 누구와 만나서 어떤 대화를 나눴을지, 어떤

상황이었고 어떤 느낌이었을지 상상해서 적으셔도 좋습니다.

5. 4)의 기록을 보면서 이 여행이 나에게 어떤 깨달음을 주었는지 적어
보시기 바랍니다.

6. 전체 소감을 적고 읽어주세요.

16 신비한
하늘 여행

이번에는 정해진 곳으로 여행을 떠나보려 합니다. 바로 '하늘'이지요. 하늘을 여행하기 위해서는 마음껏 상상력을 펼칠 필요가 있습니다. 하늘로 가는 티켓도 준비되어 있습니다. 몸을 이완하고 마음의 문을 활짝 열면 그대로 하늘 여행을 떠날 수 있습니다. 앞서 우리가 나눴던 말, 여행을 떠나면 반드시 돌아온다는 것을 기억해주세요. 그저 안전한 보트에 몸을 내맡기고 잔잔한 물결의 흐름과 살랑거리는 산들바람에 나도 모르게 미소가 머금어지는 그런 느낌으로 함께 떠나봅시다.

1. '하늘로 가는 티켓'이 지금 내게 주어졌습니다. 나는 이 여행을 하기
   로 결심합니다. 공책에 '하늘'이라는 글자를 쓰면 여행이 시작됩니
   다. 지금, 공책에 '하늘'이라고 적어보시기 바랍니다.

2. 눈을 감고서 천천히 복식호흡을 열 번 정도 해보시기 바랍니다. 지금
   나는 하늘에 도착했습니다. 하늘에서 무엇을 경험하고 있는지 그대
   로 바라보시기 바랍니다. 분위기는 어떤가요? 무엇이 보입니까? 누
   군가를 만났다면 그를 그대로 보시기 바랍니다. 상대방과 자연스럽
   게 대화를 나눠보시기 바랍니다. 충분히 대화를 나눈 후 작별 인사를
   하시기 바랍니다. 속으로 하나, 둘, 셋, 하고 세면 지금, 현재, 이 순
   간으로 돌아오게 됩니다. 셋을 센 다음 눈을 뜨시기 바랍니다.

3. '하늘 여행'이 지금, 현재, 이 순간의 나에게 주는 깨달음과 느낌을
   적어보시기 바랍니다.

4. 전체 소감을 적고 읽어주세요.

나를
안아주기

흔히 타인에게 관대하고 자신에게 엄격하라고 합니다.
그런 가르침을 받고 자라난 까닭에 우리는 늘 스스로를 나무
라고 회초리를 듭니다. 심지어는 끊임없이 자신에게 화살을
쏘고 송곳으로 찌르기도 하지요. 타인에게는 쉽게 위로의 말
을 건네지만, 정작 나 자신은 누구에게도 격려나 지지를 받지
못할 때가 많습니다. 따뜻한 보살핌이 필요하다는 사실을 모
르는 척 무시하고 넘겨버리기도 합니다. 그렇게 자신을 억누
르는 동안 마음속에는 외로움과 고립감이 자리 잡게 됩니다.
때로는 억누르는 일이 너무나 힘에 부칠 때도 있습니다. 그래
서 누르고 있던 용수철을 놓을 때 어디로 튈지 모를 정도로 높
이 튀어 오르듯 마음이 사방으로 날뛰게 됩니다. 그럴 때, 우
리는 마음의 갈피를 잡지 못하게 되지요.
　　이제 이 오랜 버릇으로부터 마음을 놓아주려고 합니다.
억누르고 괴롭히는 일을 멈추고 따뜻하고 넉넉하게 품어주려
고 합니다. 새로운 일을 시작할 때는 열린 마음과 용기가 필요
합니다. 그렇게 하지 못하도록 가로막았던 여러 상황이나 이
유가 있기 마련입니다. 하지만 용기를 내어봅시다. 마음에 들

지 않는 나를 마음에 들도록 당장 바꾸라는 말이 아닙니다. 사실 그렇게 되지도 않지요. 마음에 들지 않는 어떤 대상이 노력한다고 해서 마음에 들게 되는 것은 아니니까요. 그냥 있는 그대로의 나를 품어주는 겁니다. 자, 이제 나를 안아주는 용기를 내볼 차례입니다.

1. 양손을 가슴 위로 엇갈리게 가져다 댑니다. 그대로 토닥토닥하면서
나를 감싸 안아주시기 바랍니다. 그러면서 눈을 감아보세요. 소리 내
어 잔잔히, 따뜻하게, 포근한 목소리로 내 이름을 부르면서 그렇게
안아주시기 바랍니다. 그다음, 마음속으로 대화를 나눠보시기 바랍
니다. 어떤 말이든 괜찮습니다. 다만, 포근하게 품어주고 격려해주는
말이어야 합니다. 대화가 마무리될 때 눈을 뜨면서 손을 자연스럽게
풀면 됩니다.

2. 1)에서 나눈 대화를 공책에 적어보시기 바랍니다. 만약, 아무것도 떠
오르지 않았다면 상상해서 적어보시면 됩니다.

3. 2)를 하고 난 느낌을 적어보시기 바랍니다.

4. 전체 소감을 적고 읽어주세요.

18   나를 끌어안고
          일어나기

내 마음은 '척하기'를 좋아합니다. 하지 않고도 한 척, 하고도 안 한 척, 싫어도 좋은 척, 피하고 싶은데도 아닌 척. 그렇게 '척'하지 않고는 살아갈 수 없기도 합니다. 어느 정도는 '척'을 해야 살아갈 수 있는 세상이지요. '척'하지 않는 삶은 그야말로 머릿속에만 존재하는 이상적인 삶일 겁니다. 그렇지만 그 '척' 속에만 갇혀 있으면 마음에 문제가 생겨나게 됩니다. 마음은 본래 '척'에 어울리지 않습니다. 자연스러운 것이 마음의 속성이지요. 그런데 '척'만 고집하다 보면 자신이 자신을 속이는 격이 됩니다. 스스로를 속이는 것은 타인을 속이거나 타인에게 속는 것보다 더욱 치명적입니다. 자신을 속이고도 그 사실조차 모르다가 한참 뒤에야 깨닫기도 합니다. 그런 경우에 결과는 한층 더 심각해서, 자기 자신에 대한 불신으로 커다란 곤란을 겪기도 합니다.

이제, 이런 나를 끌어안고 '척'하는 버릇을 잠시나마 내려놓으려고 합니다. 그럴 때 제대로 나를 끌어안고 일어날 수 있습니다. '척'한다는 건 내 마음에 들지 않는 나를 억압하는 것입니다. 억압한 것은 사라지는 게 아니라 반드시 돌아오지요. 모든 억압을 당장 중지하라는 무리한 요구를 하는 게 아닙니다. 그럴 수도 없지요. 다만 이 순간에 잠시 '척하기'를 멈추고 나 자신을 있는 그대로 귀히 대하며 일으켜 세우자는 겁니다. 자, 함께 힘을 내어 나를 일으켜 세워볼까요?

1. '척'하는 삶이라고 하면 어떤 색깔이 떠오르는지 자연스럽게 떠올려
   보시기 바랍니다.

2. 눈을 감고 1)에서 떠올린 선명한 색깔의 천이 내 온몸을 둘러싸고 있
   는 광경을 떠올려보시기 바랍니다. 잠시 뒤, 속으로 셋을 세면 그 천
   이 벗겨지면서 나는 자유로워집니다. 자, 속으로 셋을 세고, 그 천으
   로부터 자유로워지면 눈을 뜨시기 바랍니다.

3. 2)의 느낌을 공책에 한 줄 이상 적어보시기 바랍니다.

4. '솔직하게 내 마음을 그대로 말한다'로 시작하는 글을 적어보시기 바
   랍니다.

5. 4)를 쓰고 난 느낌과 생각을 적어보시기 바랍니다.

6. 전체 소감을 적고 읽어주세요.

마음 이끌기

─ ◆ ─

교감과 흐름

마음 잇기의 다음 단계는 교감交感입니다. 교감은 서로 접촉하여 따라 움직이는 느낌을 말합니다. 마음의 빛깔에 맞춰서 접근하는 것이 마음 잇기의 시작이라면, 교감은 마음 잇기의 완성으로서, 원래 빛깔로 이끄는 것을 말합니다. 의식을 강압적으로 지배하며 억지로 이끄는 것은 아닙니다. 그동안 우리가 거쳐온 마음 잇기 단계를 기억하시나요? 마음의 빛깔을 나누는 동감, 마음을 나누는 공감, 마음을 합하는 감정이입이 있었지요. 이런 일련의 과정을 통해 자연스럽게 마음을 이끌게 되는 교감으로 오는 것입니다. 교감은 암울한 마음의 빛깔에서 원래 가지고 있는 고유한 빛깔 쪽으로 에너지를 이끄는 것을 일컫습니다. 그러므로 교감은 '마음 이끌기'라고 할 수 있습니다. 이렇게 마음의 빛깔을 본래의 고유한 빛깔로 전환할 수 있는 열쇠는 사실 당신이 가지고 있습니다. 자기 자신에게 이미 밝고 환한 마음의 빛깔이 존재한다는 사실을 스스로 발견하는 것이 바로 빛나는 열쇠이지요.

19 극복의 순간
기억하기

이번 단계는 교감(마음 이끌기)을 위한 내용으로 이루어져 있습니다. 그동안 우리가 함께 해온 과정은 마음의 빛깔을 나누고, 마음을 나누고, 마음을 합하는 것이었습니다. 그리고 이제 마음을 이끄는 과정에 접어들었습니다. 이 과정은 긍정적 에너지 쪽으로 방향을 돌려나가는 적극적이고 주체적인 성격을 가지고 있습니다. 먼저, 성공에 대해 알아볼까요?

성공에 대한 여러 정의가 있겠지만, 대부분은 원하는 것을 이루는 것을 성공이라고 이해하는 것 같습니다. 당신은 성공의 정의를 어떻게 내리고 있나요? 누구나 성공하고 싶다고 말하지만, 정작 성공의 정의를 물어보면 명확하게 답하지 못합니다. 무엇을 원하는지 구체적으로 설명하는 것도 어려워합니다. 성공의 정의는 깊게 사유해서 다시 내려져야 합니다. 흔히 알고 있는 성공의 정의는 분명하지 않습니다. 원하는 것도 때때로 바뀌기 때문에 명확하지 않습니다. 세상살이는 녹록하지 않아서, 원한다고 다 이뤄지는 것도 아닙니다. 성공이란 원하는 대로 뭐든 누리는 소수만 경험할 수 있는 게 아닙니다. 성공은 누구나 이미 경험했고, 앞으로도 경험할 수 있는 것입니다.

성공은 역경을 극복하는 것을 말합니다. 모든 사람은 저마다 다른 고난을 겪고, 그 어려움을 극복하며 살아왔습니다. 그렇다면 인생을 살아가는 모든 이들이 이미 성공한 것입니다. 역경을 극복하게 만든 힘, 그것이 바로 성공입니다. 생각해 보면 우리는 모두 성공한 경험을 갖고서 또 다른 성공을 향해 나아가고 있습니다. 크기와 정도가 다를 뿐, 고난이 없는 삶은 존재하지 않기 때문입니다.

이제 이 극복의 경험을 나누려고 합니다. 다시 말하자면, 성공의 경험입니다. 역경을 극복한 성공의 경험은 바로 '힘'이 됩니다. 그 힘으로 인해 앞으로 닥쳐올 또 다른 역경도 이겨낼 수 있을 것입니다.

1. '내 인생의 고난' 하면 떠오르는 일화를 한 단어로 나타내보시기 바랍니다.

2. 1)과 같이 쓴 이유를 자세히 적어보시기 바랍니다. 그리고 그 일화를 구체적으로 적어보시기 바랍니다.

3. 2)를 통해서 얻게 된 깨달음을 적어보시기 바랍니다.

4. '고난을 극복하고 성공을 이룬 나'에게 보내는 메시지를 적어봅니다.

5. 4)의 메시지를 소리 내어 나 자신에게 읽어주시기 바랍니다. 그런 다음 나를 안아주세요. 양손을 가슴 위로 엇갈리게 가져다 댑니다. 그대로 토닥토닥하면서 나를 감싸 안아주시기 바랍니다. 그러면서 눈을 감아보세요. 소리 내어 잔잔히, 따뜻하게, 포근한 목소리로 내 이름을 부르면서 그렇게 안아주시기 바랍니다.

6. 4), 5)를 하고 난 느낌과 생각을 적어보시기 바랍니다.

7. 전체 소감을 적고 읽어주세요.

20 소중한 사람과
대화하기

'소중한 사람'이라고 하면 누가 떠오르나요? 생각나는
사람이 없다면, 지금 당신은 인정하건 인정하지 않건 스트레
스를 많이 받고 있는 상태입니다. 생각나는 사람이 없다고 단
언하는 사람에게도 '소중한' 존재는 있습니다. 동물이나 식물
을 떠올리면서 사람에 대한 관심을 회피하지 마시기 바랍니
다. 사람 중에서 '소중한' 존재를 찾아보시기 바랍니다. 아무
리 애써도 떠오르지 않는다면, 과거에 내가 소중히 여겼던 누
군가를 떠올려도 됩니다. 그마저도 어렵다면 자기 자신을 등
장시켜도 좋습니다.

'소중한 사람'이 지금 이 세상에 있든 없든 상관없습니
다. 자연스럽게 생각나는 대상을 그대로 떠올려보시면 됩니
다. 그 존재를 대하는 내 마음이 긍정적이듯이 그 존재 또한
나에게 긍정의 에너지를 주고 있습니다. 이 세상에 있건 없
건 에너지는 모두 통합니다. 그것은 지금, 현재, 내가 그 존재
를 떠올리고 있기 때문에 가능한 것입니다. 소중한 사람과 자
연스럽게 대화를 나누는 독특하고 귀한 자리에 참석하신 것을
환영합니다!

1. '내 인생의 소중한 사람' 하면 떠오르는 인물의 이미지를 포착해서 한 단어로 나타내봅시다.

2. 1)과 같이 쓴 이유를 자세히 적어보시기 바랍니다.

3. '내 인생의 소중한 사람'에게 전하는 메시지를 적고 이를 소리 내어 읽어봅시다. 읽을 때, 소중한 사람이 직접 읽고 있다고 상상해보시기 바랍니다.

4. 3)을 읽은 소중한 사람과 마음을 합쳐서 그가 지금, 현재, 이 순간의 나에게 보내는 답장을 적고 이를 소리 내어 읽어보시기 바랍니다.

5. 3), 4)를 하고 난 느낌과 생각을 적어보시기 바랍니다.

6. 전체 소감을 적고 읽어주세요.

21 기쁨과
환희의 순간

살아가면서 만날 수밖에 없는 여러 순간들이 있습니다. 그중에서 활력이 되고 강렬한 인상을 남기는 것이 바로 '기쁨과 환희의 순간'일 겁니다. 그런 순간이 한 번도 없었다고 말하는 이도 있겠습니다. 하지만 실은 그런 순간이 없었던 게 아니라 그저 기억을 못 하거나 현재의 감정에 치우쳐서 없다고 여기는 것일 수 있습니다. 부정적인 기운을 걷어내고 곰곰이 생각해보면, 분명 그런 순간이 있었다는 것을 깨닫게 될 것입니다.

자, 이제 더할 나위 없이 멋진 순간 속으로 들어가볼까요?

1. '내 삶에서 기쁨과 환희의 순간' 하면 떠오르는 장면을 한 단어로 나타내봅시다.

2. 1)과 같이 쓴 이유를 자세히 적어보시기 바랍니다.

3. 1)의 순간을 맞이했던 과거의 내가 현재의 나에게 들려주는 메시지를 적고 이를 그대로 읽어보시기 바랍니다. 나는 지금 과거의 내가 되어 현재의 나에게 이 메시지를 전달하고 있습니다.

4. 3)을 행한 느낌과 생각을 적어보시기 바랍니다.

5. 전체 소감을 적고 읽어주세요.

22 상처
어루만지기

누구에게나 상처가 있습니다. 인간은 태어나는 순간부터 상처를 경험합니다. 어머니의 좁은 산도를 통과하면서 이만저만 아닌 스트레스를 경험합니다. 이런 스트레스는 상처와 긴밀한 연관이 있습니다. 지속적인 스트레스는 바로 트라우마trauma와 연관되기 때문입니다. 상처는 몸을 다쳐서 부상 입은 자리를 뜻합니다. 보통 일반 의학에서 트라우마는 외부적인 요인으로 인해 몸에 입은 외상을 뜻합니다. 정신의학에서는 자신에게 위협이 될 수 있는 끔찍한 사건의 경험과 함께 남겨진 심리적, 신체적 기억이라고 정의 내리고 있습니다. 국어사전을 보면, 정신에 지속적인 영향을 주는 격렬한 감정적 충격을 말하며, 여러 가지 정신장애의 원인이 될 수 있다고 나와 있습니다. 우리가 여기서 다룰 것은 심리적인 상처입니다. 트라우마에는 두 가지 종류가 있습니다.

빅 트라우마Big trauma는 흔히 외상후스트레스증후군에서처럼 주로 충격적 사건 후에 보이는 심신의 적응 반응을 말합니다. 예를 들면, 교통사고나 천재지변 같은 충격적 경험을 한 후에 일어나는 반응입니다.

스몰 트라우마$^{Small\ trauma}$는 오랜 기간 지속적으로 부정적 경험에 노출된 결과로 생기는 몸과 마음의 적응 반응을 말합니다. 심리적 상처의 경험들이 누적되는 것을 뜻하지요. 예를 들면 아동학대, 방치, 가정폭력에 오래 노출된 사람들의 경우입니다.

의학적인 트라우마도 있지만, 일상생활 속에서 무수히 많은 트라우마를 입기도 합니다. 빅 트라우마나 스몰 트라우마가 아니라 라이프 트라우마$^{Life\ trauma}$가 일어날 수 있습니다. 그것은 어떤 자극으로 인해 빚어지는 상처가 아니라 작은 자극도 민감하게 여길 수밖에 없는 고통입니다. 사실 상처로 인한 고통의 크기도 주관적인 것이지요. 새끼손가락이 약간 베인 걸로도 엄청난 아픔을 느낄 수 있습니다. 누군가는 호들갑스럽다고 치부하겠지만, 당사자가 그렇게 느끼는 만큼 거짓이 아닙니다. 약간의 자극에도 민감해지는 것은 감정의 속살 때문입니다. 피부는 피하조직과 진피, 이를 보호하는 표피라는 세 개의 층으로 이루어져 있습니다. 표피가 벗겨지면 외부의 자극을 여과 없이 느끼게 되지요. 그와 마찬가지로 우리의 내면에도 마음을 안전하게 보호하는 표피층이 있습니다. 그 표피층을 '자아'라고 할 수 있는데 자아가 약해져 흔들리게 되면 작은 자극에도 날카로운 고통을 느낄 수밖에 없습니다.

이제 마음의 표피층인 '자아'를 탄탄하게 만들기 위한 이야기를 꺼내보려 합니다. 단, 자아가 탄탄한 것은 좋지만, 정도가 지나쳐서 딱딱하게 굳어버린다면 곤란하겠지요. 사실, 자아가 건강하다면 자아는 한자리에만 머물러 있지 않습니다. 우리의 마음은 고여 있지 않고 '흘러가기'를 바라기 때문입니다. 우리의 마음은 우주의 섭리대로 '원활하게 움직이는 것'을 간절히 원합니다. 자아의 자리를 잘 확보해놓는 것이 목적이지 그 자리에만 붙박아두려는 것이 아닙니다. 자아가 건강해지기 위해서는 적지 않은 시간과 노력이 필요합니다. 하지만 이 글을 읽고 있는 당신은 이렇게 마음 여행에 나설 정도의 자아를 이미 가지고 있습니다. 그것만으로 다음 목적지까지 잘 갈 수 있으리라 생각합니다. 우리에게 상처를 준 과거의 상황을 지워버릴 수는 없지만, 상처 입은 마음을 녹여 흐르게 할 수는 있습니다.

1. 시인은 누이의 오래된 화상 상처를 보고 꽃의 빛깔, 꽃향기를 닮았다
고 노래했습니다. 젊은 날에는 분명 속상했을 테지만, 그 상처를 가
지고 살아가는 동안 누이는 꽃처럼 환해졌나 봅니다. 그리하여 시인
은 상처가 꽃이 되고, 향기가 된다는 사실을 깨닫습니다. 향기 나는
사람에게는 유독 오랫동안 견뎌온 상처가 있다는 것도 깨닫습니다.
다음의 시를 소리 내어 낭송해보시기 바랍니다.

　　상처에 대하여

　　　　　　　　　　　　　　　　복효근

　　　오래전 입은 누이의
　　　화상은 아무래도 꽃을 닮아간다
　　　젊은 날 내내 속썩어쌓더니
　　　누이의 눈매에선
　　　꽃향기가 난다
　　　요즈음 보니
　　　모든 상처는 꽃을
　　　꽃의 빛깔을 닮았다
　　　하다못해 상처라면
　　　아이들의 여드름마저도
　　　초여름 고마리꽃을 닮았다

오래 피가 멎지 않던
상처일수록 꽃향기가 괸다
오래된 누이의 화상을 보니 알겠다
향기가 배어나는 사람의 가슴속엔
커다란 상처 하나 있다는 것

잘 익은 상처에선
꽃향기가 난다

2. 시를 읽고 떠오르는 느낌을 한 단어로 나타내고 그 이유를 적어봅시다.

3. 시에서 특별히 인상 깊은 구절을 옮겨 적고 그 이유를 써봅시다.

4. '내 오랜 상처는'으로 시작해서 '잘 익은 상처에선 꽃향기가 난다'로
    마무리하는 글을 적어봅시다.

5. 4)의 글을 쓰고 난 느낌과 생각을 적어봅시다.

6. 전체 소감을 적고 읽어주세요.

23 귀히 여기고 사랑하는 마음 갖기

귀히 여기는 마음, 사랑하는 마음은 제일 먼저 '나 자신'을 향해야 합니다. 스스로를 사랑하지 않으면, 타인도 온전히 사랑할 수 없습니다. 마음 깊은 곳에서 나를 사랑하지 않는 한 타인에 대한 사랑 역시 부실한 땅에 지은 건물처럼 연약한 것이 되고 말지요. 비바람과 폭풍우를 견디지 못하게 됩니다. 결국 모든 중심은 '나'입니다. 나 자신을 귀히 여기고 사랑하는 마음을 자중자애自重自愛라고 합니다. 지금은 타인이 아닌 나에게 집중해서, 자신에게 아낌없이 사랑을 쏟아붓고 감싸주는 이야기를 하려고 합니다. 이 사랑은 나만 좋으면 된다는 식의 이기적인 욕심과 거리가 멉니다. '사랑'을 이야기한 성경 고린도 전서 13장 4절에서 8절까지를 아래에 그대로 옮겨보겠습니다.

'사랑은 오래 참고 친절하며 사랑은 시기하지 않으며 자랑하지 않으며 교만하지 않으며 무례하지 않으며 자기 유익을 구하지 않으며 성내지 않으며 원한을 품지 않으며 불의를 기뻐하지 않으며 진리와 함께 기뻐하고 모든 것을 덮어주고 모든 것을 믿으며 모든 것을 바라고 모든 것을 견딥니다. 사랑은

결코 없어지지 않습니다.'

　타인에게도 나 자신에게도 이러한 사랑의 정의는 유효합니다. 이를 참고해서 내 태도를 가만히 들여다보면 내가 나 자신을 사랑하고 있는지 아닌지를 알 수 있습니다. 마음의 땅에 촉촉한 수분과 넉넉한 햇빛과 적당한 양분을 공급해준다면, 나에 대한 사랑이 자라나는 것을 알 수 있을 것입니다. 바로 지금 당신과 내가 함께 하려는 다음 이야기처럼요.

1. 공책을 펼쳐서 왼쪽 페이지에 '내 단점'을 세 가지 적어보시기 바랍니다.

2. 오른쪽 페이지에 '내 장점'을 세 가지 적어보시기 바랍니다.

3. 1)과 2)가 맞닿도록 손바닥으로 공책 두 장을 포개어 세워보시기 바랍니다. 포개진 공책을 반으로 접고 그 위에 '나' 하면 떠오르는 단어 하나를 적어보시기 바랍니다.

4. 공책의 다른 페이지에 3)과 같이 쓴 이유를 한 줄 이상 적어보시기 바랍니다.

5. '나는 나를 귀하게 여기고 사랑합니다'라는 문장으로 시작하는 글을
적어보시기 바랍니다. 분량에 구애받지 말고 자유롭게 적으셔도 좋
습니다. 어렵더라도 용기를 내어 한 줄 이상 적어보시기 바랍니다.

6. 5)를 하고 난 느낌과 생각을 적어주시기 바랍니다.

7. 전체 소감을 적고 읽어주세요.

24   바람 타고
        흘러가기

'바람' 하면 어떤 느낌이 드나요? 혹독하고 매서운 바람이 아니라 은은하고 부드러운 바람을 떠올려보시기 바랍니다. 튼튼하고 안전한 보트에 올라 에메랄드빛 물결이 잔잔하게 일렁이는 바다에서 바람이 미는 대로 몸과 마음을 맡기고 있습니다. 탄력 있고 여유로운 물살을 보내주는 것은 바로 바람입니다. 보트 위의 나는 이 상황을 온전히 즐기고 있습니다. 자, 내 마음과 몸을 그대로 맡기고 즐겨볼까요? 지금처럼요.

◦ **기본 필기구 외 준비물 : 12색 색연필이나 사인펜(색이 많을수록 더 좋습니다)**

1. 공책을 펴고 색연필이나 사인펜을 펼쳐놓습니다. 그런 다음 눈을 감고 자주 쓰지 않는 손으로 색연필이나 사인펜 중 하나를 잡습니다.

2. 눈을 감고서 지금, 현재, 내 느낌을 공책에 자유롭게 그림으로 나타내봅니다. 선이나 원, 그 밖에 특정한 형태를 사용해서 느껴지는 그대로 표현하면 됩니다. 단, 정교하고 세밀하게 그리려 하지 말고 낙서하듯 손이 가는 대로 내맡겨보시기 바랍니다.

3. 공책을 한 장 넘겨서 들고 있던 색연필 또는 사인펜으로 문득 떠오른 단어를 적어보시기 바랍니다. 눈은 계속 감고 있도록 합니다.

4. 눈을 감은 채로 3)과 같이 쓴 이유를 소리 내어 말해봅시다.

5. 이제 눈을 뜨시기 바랍니다. 공책의 앞장을 펼쳐보지 말고, 주로 사용하는 손으로 3)과 같이 쓴 이유를 한 줄 이상 적어보시기 바랍니다. 그다음 내가 그린 그림과 글자를 바라보시기 바랍니다.

6. 1)에서 5)까지 하고 나서 든 느낌과 생각을 적어주시기 바랍니다.

7. 전체 소감을 적고 읽어주세요.

2
부

내면
진입

마음이 내는 소리

─ ◆ ─

우리는 마음을 잇는 첫 과정을 무사히 마쳤습니다. 이제부터는 마음 안으로 성큼 들어가보려고 합니다. 물론, 마음 여행은 이미 시작되었고 우리는 꽤 멀리까지 와 있습니다. 처음부터 놓치지 않고 함께 했다면, 스스로도 놀랄 만큼 여행의 맛을 톡톡히 느끼고 계시리라 믿습니다. 이제는 내면으로 조금 더 깊숙이 들어가보는 겁니다. 사실 두려운 마음이 들기도 할 겁니다. 내 마음 안에 무엇이 나타날지 모르니까요. 배는 정박하고 있을 때 가장 안전하다는 말이 있습니다. 하지만 그게 배가 이 세상에 태어난 이유는 아니지요. 우리 또한 마찬가지입니다. 마음 안으로 성큼 걸음을 내디뎌야 할 때가 왔습니다. 내 안의 보물을 얻기 위해서는 모험을 해야 하기 때문이지요. 기억하세요. 당신은 혼자가 아닙니다. 저도 있지만, 우리의 성장을 돕는 보이지 않는 힘도 있답니다. 자, 제 손을 잡고 함께 마음 안으로 들어가볼까요?

25 소리 질러보고 싶을 때

하고 싶은 대로만 하며 살 수 없는 것이 삶입니다. 우리는 경험으로 그 사실을 잘 알고 있습니다. 그런데도 불쑥, 하고 싶은 것 하나라도 제대로 해보고 싶다는 생각이 들기도 합니다. 물론 그래선 안 된다고 마음을 다잡고 자신을 억누르면 '하고 싶다는 생각'은 쉽사리 사라지는 듯 보입니다. 그렇게 억압하면 생각이나 감정이 사라지는 것처럼 느껴지지요. 하지만 실은 그렇지 않습니다. 억눌렸던 감정은 반드시 되돌아옵니다. 어디로 튈지 모르는 용수철처럼 예상치 못한 증상으로 불쑥 발현되어 우리를 놀래기도 합니다. 어느 순간이 되면 억제하는 것도 힘에 부쳐서 두 손 두 발 다 들게 되지요. 신기한 것은 타인을 해하거나 방해하지 않는 선에서, 규범과 윤리에 어긋나지 않는 범위 내에서 원하는 바를 시도하게 되면 억압과 억제는 사라진다는 것입니다. 만약 규범과 윤리를 벗어나서 하고 싶은 충동이 나도 모르게 일어난다면, 그것은 단순한 억압보다는 트라우마로 인한 후유증일 가능성이 큽니다.

지금, 우리는 해도 되지만 체면이나 눈치 때문에 하지 못했던 행동을 할 겁니다. 물론, 소음으로 이웃에서 신고하지는 않을까, 누군가에게 폐를 끼치지 않을까 염려될 수도 있습니다. 그렇다면 이렇게 권해드립니다. 번거롭더라도 인적이 드문 야외로 나가 마음껏 해보시기 바랍니다. 적당한 장소가 없다면 차 안에서 혼자 해도 되겠습니다. 다만 그곳에 필기구와 공책, 그리고 바로 이 책이 있어야 합니다. 아주 긴 시간이 아니라 짧게는 10초, 길게는 30초 정도가 걸리는 과정이니 너무 염려 말고 한번 도전해봅시다.

1. 소리를 지르기 좋은 곳을 선택해서 그곳에 머물러보시기 바랍니다.
인적이 드문 곳이면 좋겠습니다. 집이나 승용차 안이어도 됩니다. 다
만 한밤중을 피해주시면 좋겠습니다.

2. 어떤 소리를 지르고 싶은지를 공책에 적어보시기 바랍니다. 되도록
음절이 한두 개(최대 세 음절까지만) 정도로 소리 지르기 편한 것을
선택해서 적어봅니다. 의미 없는 것이어도 되고, 뜻이 포함된 말이어
도 좋습니다.

3. 2)와 같이 쓴 이유를 한 줄 이상 적어봅니다.

4. 눈을 감은 채 2)에 적은 대로 소리 내어봅니다. 있는 힘껏 소리를 질
러봅시다. 최소한 세 번 이상 연거푸 질러봅시다. 더 지르고 싶다면
원하는 만큼 질러도 됩니다.

5. 이제 눈을 뜨시기 바랍니다. 4)를 하고 난 느낌과 생각을 적어주시기
   바랍니다.

6. 전체 소감을 적고 읽어주세요.

복과 즐거움을 추구하는 삶이라면, 흔히 '쾌락주의자'
를 떠올릴 수 있겠습니다. 쾌락적인 삶을 추구한 것으로 알려
진 에피쿠로스Epicouros 말이지요. 에피쿠로스는 기원전 341년
에 태어나 기원전 270년까지 살았던 그리스 철학자입니다. 그
는 소박한 즐거움, 우정, 은둔 등에 관한 윤리 철학의 창시자
로서, 에피쿠로스학파를 탄생시켰습니다. 에피쿠로스는 철학
의 목적을 행복하고 평온한 삶을 영위하는 데 두고 평정과 평
화, 공포로부터의 자유, 고통 없는 삶의 중요성을 주창했지요.
기원전 306년에는 아테네에 집을 사서 '정원'이라는 뜻의 '호
케포스'로 이름 짓고, 그곳에서 학생들을 가르쳤습니다. 에피
쿠로스학파는 여성을 정식으로 받아들인 첫 학파로 기록되어
있습니다. 에피쿠로스의 말대로라면, 진정한 쾌락은 방탕이나
환락을 즐기는 데 있는 것이 아니라, 고통으로부터 해방되는
'마음의 평정', 즉 아타락시아ataraxia와 절제에 있습니다. 세상의
쾌락과 오히려 동떨어져 있는 마음의 고요, 평정심이 진정한
쾌락이 된다는 것이지요.
  갑갑함과 막막함은 행복이나 즐거움과 반대되는 감정입

니다. 이 감정들은 살아가면서 불현듯 우리를 찾아오기 마련입니다. 인간의 욕망은 늘 충족될 수 없으며, 우리는 크고 작은 트라우마에 노출된 채로 살고 있기 때문이지요. 이제, 이 감정을 애써 외면하지 않음으로써 거기서 놓여나는 체험을 해 보려 합니다. 제대로 된다면, 우리는 감정의 휘말림으로 인한 고통에서 해방되어 '마음의 평정', 즉 '아타락시아'를 되찾을 수 있을 것입니다.

* **기본 필기구 외 준비물 : 12색 색연필이나 사인펜(색이 많을수록 더 좋습니다)**

1. '갑갑하고 막막함' 하면 떠오르는 색을 색연필이나 사인펜에서 하나 골라 공책에 땅바닥을 그려보시기 바랍니다.

2. 1)의 그림 아래에 '나의 땅바닥'을 뜻하는 단어 하나를 적고 그 옆에 한 줄 정도로 이유를 간략하게 적어주시기 바랍니다.

3. '자유롭고 시원함' 하면 떠오르는 색을 색연필이나 사인펜에서 하나 골라 공책에 하늘을 그려보시기 바랍니다.

4. 3)의 그림 위에 '나의 하늘'을 뜻하는 단어 하나를 적고 그 옆에 한 줄 정도로 이유를 간략하게 적어주시기 바랍니다.

5. 1)과 3) 사이에 풍선을 원하는 만큼 그려주시기 바랍니다. 색은 자유롭게 선택해도 됩니다.

6. 5)의 풍선 안에 '내 마음의 풍선'을 뜻하는 단어 하나를 적고 풍선 주위에 한 줄 정도로 이유를 간략하게 적어주시기 바랍니다.

7. 잠시 눈을 감고서 내가 풍선과 함께 땅바닥에서 하늘로 날아가고 있다고 상상해보시기 바랍니다. 나는 풍선을 잡거나 풍선 모양의 기구에 올라타고서 자유롭게 하늘을 날고 있습니다. 그 모습을 눈을 감은 채 떠올리시기 바랍니다. 그리고 지금, 현재, 이 순간 머릿속에 떠오르는 것을 고스란히 느껴보시기 바랍니다. 원하는 만큼 충분히 시간을 들여서 떠올린 다음 마음속으로 셋을 세고 이 느낌을 간직한 채 눈을 뜨면 됩니다. 하나, 둘, 셋! 자, 이제 눈을 뜨세요.

8. 7)에서 느껴진 것을 자세히 적어봅시다. 적은 글을 소리 내어 읽어봅시다.

9. 전체 소감을 적고 읽어주세요.

27 이유 없이
눈물이 날 때

눈물이 나는 이유를 알 수 있을 때가 있습니다. 어떤 상황이나 사실 때문에 슬프다는 것을 명확히 인식하고 있는 것이지요. 반면 특별한 자극이 없는데도 아무런 이유 없이 갑작스레 눈물이 날 때도 있습니다. 일상생활을 못 할 정도로 자주 그런 것이 아니라면 지나치게 염려할 필요는 없습니다. 그런 눈물에서 무조건 벗어나려고 애쓰는 것도 그리 바람직하거나 효과적이지 않습니다. 다만, 간혹 그럴 때마다 당황스럽거나 이상하게 느껴진다면 내 마음을 들여다보라는 신호로 받아들이시길 권합니다. 내 마음이 자신을 돌아봐달라고 신호를 보내오는 것이라고 말이지요. 내 마음의 속삭임에 귀를 기울이는 것이 바로 나를 사랑하는 것입니다. 내 마음을 돌봐주고 안아주시기 바랍니다. 나를 사랑해주시기 바랍니다.

＊ **기본 필기구 외 준비물 : 12색 색연필이나 사인펜(색이 많을수록 더 좋습니다)**

1. '내 마음의 눈물' 하면 떠오르는 색을 색연필이나 사인펜에서 골라 느낌을 공책에 그대로 그려보시기 바랍니다. 1~3가지 정도의 색으로 나타내시면 됩니다. 낙서하듯 선이나 도형이나 그 밖의 형태로 자유롭게 그려보시기 바랍니다.

2. 1)의 그림을 찬찬히 들여다보고, 떠오르는 단어를 그림 아래에 적어 보시기 바랍니다.

3. 2)와 같이 쓴 이유를 2)의 단어 옆에 적어보시기 바랍니다.

4. '내 마음의 눈물을 닦아주고 안아줍니다'라는 문장으로 시작하는 글을 적어보시기 바랍니다. 자유롭게 쓰면 됩니다. 분량이나 시간에 구애받지 말고 손이 가는 대로 맡겨보시기 바랍니다.

5. 4)의 글을 소리 내어 읽어봅니다. 그다음, 떠오르는 생각과 느낌을 적어보시기 바랍니다.

6. 전체 소감을 적고 읽어주세요.

28   잠을 자지
      못할 때

살면서 한 번쯤 불면의 시간을 겪어본 적이 있으리라 생각합니다. 도통 잠이 오지 않는 밤은 길기도 하지요. 애써 뭔가를 해봐도 능률이 오르지 않습니다. 오로지 자고 싶다는 생각만 가득할 뿐, 다른 일에 집중할 수가 없지요. 자고 싶다는 갈망이 클수록 잠은 오지 않고, 밤은 깊어만 갑니다. 심각한 불면증을 겪고, 그 원인을 분석한 R. M. 본^{R. M. Vaughan}은 『잠 못 드는 고통에 관하여』라는 책에 다음과 같이 썼습니다. '불면증 환자들은 재앙적 사고^{catastrophic thinking}를 하는 경향이 있습니다' 라고 말이지요. 재앙적 사고란 부정적 일의 결과를 확대 해석해서 그 상황에서 일어날 수 있는 최악의 결과를 예상하는 것을 말합니다. 그는 또 불면을 촉진하는 매스컴이나 인터넷상의 밤의 문화에는 기본적으로 '화'가 장착되어 있다고 말합니다. 그리고 그 속에는 '자기혐오'가 있다고 주장합니다.

잠들 수 없는 원인은 다양합니다. 호르몬의 문제일 수도 있고 통증도 원인이 될 수 있지요. 지금은 그러한 원인들보다 마음에 초점을 맞춰보겠습니다. 앞서 본이 말한 것을 기준으로 이야기를 풀어보려고 합니다.

1. '내 안의 화' 하면 떠오르는 것을 한 단어로 나타내보시기 바랍니다.
그리고 그렇게 쓴 이유를 적어보시기 바랍니다.

2. 1)을 쓴 다음 어떤 기분이 느껴지는지 적어보시기 바랍니다.

3. 이번에는 눈을 감고 허리를 반듯하게 펴서 척추를 세우고 앉습니다.
고개를 정면으로 향하고, 의자에 앉아 있다면 깊숙이 바른 자세로 앉
습니다. 혹시 몸이 불편하거나 허리가 아프다면 눕거나, 의자 등받이
혹은 벽에 기대어도 됩니다. 복식호흡을 스무 번 정도 해봅시다. 복
식호흡을 하면 숨을 들이마실 때 배가 부풀어 오르고 내쉴 때 배가
꺼집니다. 잘되지 않으면 내쉬는 것에 집중해서 입으로 소리가 약간
날 정도로 충분히 내쉬어보시기 바랍니다. 그러면 충분히 들이마실
수 있습니다. 양손을 배 위에 얹고 배가 움직이는 것을 그대로 느껴
보시기 바랍니다. 배가 부풀었다가 꺼졌다가 하는 것을 손으로 느껴
보시기 바랍니다. 온몸을 이완해보시기 바랍니다. 호흡할수록 몸이
이완되는 것을 느껴보시기 바랍니다. 호흡은 원하는 만큼 횟수를 늘
려서 더 해도 됩니다. 어느 정도 몸이 이완되면, 배에서 손을 떼고 무

류 위에 놓으시면 됩니다.

4. 충분히 이완되었으면 이제 위로와 격려를 해주는 '나만의 새' 이름을
세 번 부릅니다('글빛 마음빛 8'에서 만난 새입니다). 그 새가 지금,
현재, 이 순간 '내 안의 화'를 만나서 포근하게 어루만져주는 것을 그
대로 느껴보시기 바랍니다. 따뜻하게 안아주는 '나만의 새'를 고스란
히 느끼면서 '내 안의 화' 하면 떠올랐던 단어 하나를 기억해봅니다.
'나만의 새'가 나를 토닥이면서 "네 마음을 잘 알아. 이제 이 마음을
내려놓고 잠이 들게 될 거야"라고 말하는 것을 들어보시기 바랍니다.
잠시 후 마음속으로 셋을 센 다음 눈을 뜹니다.

5. 4)의 느낌과 함께 떠오른 단어를 적고 그 단어를 쓴 이유를 적어봅
니다. 눈을 감은 채 제시문대로 했을 때 아무것도 떠오르지 않았다고
해도 괜찮습니다. 지금, 이 순간, '내 안의 화'를 만나서 나를 포근하
게 어루만져주는 것을 상상해서 적으셔도 좋습니다.

6. 5)를 쓴 생각과 느낌을 적어보시기 바랍니다.

7. 전체 소감을 적고 읽어주세요.

29 우울한 마음이 계속될 때

우울은 근심스럽거나 답답하여 활기가 없는 상태를 말합니다. 우울은 정서 혹은 감정이라고 할 수 있습니다. 정서 emotion는 특정 사건에 대한 특정 반응으로 짧고 강하게 일어나는 반면, 감정feeling은 길지만 약하게 지속한다고 볼 수 있습니다. 특정한 상황에서 일어나는 우울이라면 그 상황이 종식되거나 나아질 경우 없어지거나 옅어질 수 있겠습니다. 사건의 호전과 관계없이 계속해서 우울한 반응이 나타난다면, 우울한 감정이 이어지고 있다고 볼 수 있겠습니다. 우울감이 길게 이어진다면 삶에서 활력을 잃게 되고, 무엇을 해도 의미를 찾지 못하게 됩니다. 우울은 사실 '화'의 또 다른 얼굴입니다. 화를 밖으로 표출하면 폭력이 되지만, 내면으로 들어가면 '우울'이 되기 때문입니다. 이제, 우리는 나도 모르게 안으로 삼킨 '화'를 들여다볼 것입니다.

* **기본 필기구 외 준비물 : 12색 색연필이나 사인펜(색이 많을수록 더 좋습니다)**

1. '내 안의 우울' 하면 떠오르는 색을 색연필이나 사인펜에서 하나 골라 원을 그려보시기 바랍니다. 원의 크기는 자유롭게 하되, 원 안을 채우지 말고 선으로만 나타내보시기 바랍니다.

2. 1)을 하고 나서 떠오른 단어 하나를 공책에 적고(그림 아래에 적어도 되고, 다음 장에 적어도 됩니다), 그 이유를 한 줄 이상 적어보시기 바랍니다.

3. '우울 안에 있는 화' 하면 떠오르는 색을 하나 골라 1)의 원 안에 또 다른 원을 그려보시기 바랍니다.

4. 3)을 하고 나서 떠오른 단어 하나를 공책에 적고, 그 이유를 한 줄 이상 적어보시기 바랍니다.

5. '내 마음의 빛' 하면 떠오르는 색을 하나 골라 1)과 3)의 원의 중심에 동그란 점을 원하는 크기로 찍어주시기 바랍니다.

6. 5)를 하고 나서 떠오른 단어 하나를 공책에 적고, 그 이유를 한 줄 이상 적어보시기 바랍니다.

7. 이번에는 눈을 감고 허리를 반듯하게 펴서 척추를 세우고 앉습니다. 고개를 정면으로 향하고, 의자에 앉아 있다면 깊숙이 바른 자세로 앉습니다. 혹시 몸이 불편하거나 허리가 아프다면 눕거나, 의자 등받이 혹은 벽에 기대어도 됩니다. 복식호흡을 스무 번 정도 해봅시다. 복식호흡을 하면 숨을 들이마실 때 배가 부풀어 오르고 내쉴 때 배가 꺼집니다. 잘되지 않으면 내쉬는 것에 집중해서 입으로 소리가 약간 날 정도로 충분히 내쉬어보시기 바랍니다. 그러면 충분히 들이마실

수 있습니다. 양손을 배 위에 얹고 배가 움직이는 것을 그대로 느껴 보시기 바랍니다. 배가 부풀었다가 꺼졌다가 하는 것을 손으로 느껴 보시기 바랍니다. 온몸을 이완해보시기 바랍니다. 호흡할수록 몸이 이완되는 것을 느껴보시기 바랍니다. 호흡은 원하는 만큼 횟수를 늘려서 더 해도 됩니다. 어느 정도 몸이 이완되면, 배에서 손을 떼고 무릎 위에 놓으시면 됩니다.

8. 충분히 이완되었으면, 다음을 떠올려보시기 바랍니다. 내 마음의 정중앙에 빛이 있습니다. 이 빛은 내가 세상에 태어난 순간부터 함께했으며, 내 육체가 소멸해도 없어지지 않는, 늘, 항상, 변함없이 존재하는 빛입니다. 이 빛이 내 안의 화를 비추고 있습니다. 이 '화'를 나는 어떤 단어로 떠올리고 있습니다. 내가 떠올린 단어와 연결된 이 '화'를 빛이 비춰주고 있습니다. 지금의 느낌을 그대로 느껴보시기 바랍니다(충분히 느낀 다음 진행합니다). 이제 이 빛이 '우울'을 비추고 있습니다. 나는 이 '우울'을 어떤 단어로 기억합니다. 내가 기억한 단어와 연결된 이 '우울'을 빛이 비춰주고 있습니다. 지금, 이 느낌을 그대로 느껴보시기 바랍니다(충분히 느낀 다음 진행합니다). 지금, 이 빛은 내 마음 가득 퍼져나가고 있습니다. 이 느낌을 빛을 떠올리며 적었던 단어와 함께 느껴보시기 바랍니다(충분히 느낀 다음 진행합니다). 잠시 후 마음속으로 셋을 세고 눈을 뜹니다.

9. 8)의 느낌과 함께 떠오른 단어를 적고 그 단어를 쓴 이유를 적어봅니다. 눈을 감은 채 제시문대로 했을 때 아무것도 떠오르지 않았다고

해도 괜찮습니다. '내 마음의 빛'이 '화'와 '우울'을 비추는 것을 상상하면서 적으셔도 좋습니다. 단, 마음의 정중앙에 존재하는 '빛'이 바깥 영역의 '화'를 비추고, 그 바깥 영역의 '우울'을 비춰주는 순서로 상상해보시기 바랍니다.

10. 전체 소감을 적고 읽어주세요.

30 불안한 마음이
계속될 때

불안은 편하지 않고 조마조마한 마음입니다. 마음이 뒤숭숭하고 술렁거리는 상태를 말하지요. 어떤 상황이 일어나서, 혹은 일어날까 봐, 걱정하며 안절부절못할 때가 있습니다. 불안은 자신을 방어하기 위한 작용이기도 합니다. 불안하기 때문에 그 상황에 적극적으로 대처하려는 노력을 하게 되지요. 하지만 작은 일에도 과도하게 불안한 마음이 들고, 그로 인해 일상생활에 지장이 생기는 경우도 있습니다. 매사를 지나치게 걱정하고 일상의 사소한 일에도 불안을 느끼는 경우, 이를 '범불안'이라고 합니다. 범불안 증상은 한 달 이상 지속되기도 합니다.

이럴 때, 어떻게 하면 불안으로부터 벗어날 수 있을까요? 오늘 우리의 이야기는 이곳에서 출발해보기로 합니다.

1. '불안' 하면 떠오르는 단어 하나를 공책에 적고, 그렇게 적은 이유를
한 줄 이상 적어보시기 바랍니다.

2. 이번에는 눈을 감고 허리를 반듯하게 펴서 척추를 세우고 앉습니다.
고개를 정면으로 향하고, 의자에 앉아 있다면 깊숙이 바른 자세로 앉
습니다. 혹시 몸이 불편하거나 허리가 아프다면 눕거나, 의자 등받이
혹은 벽에 기대어도 됩니다. 복식호흡을 스무 번 정도 해봅시다. 복
식호흡을 하면 숨을 들이마실 때 배가 부풀어 오르고 내쉴 때 배가
꺼집니다. 잘되지 않으면 내쉬는 것에 집중해서 입으로 소리가 약간
날 정도로 충분히 내쉬어보시기 바랍니다. 그러면 충분히 들이마실
수 있습니다. 양손을 배 위에 얹고 배가 움직이는 것을 그대로 느껴
보시기 바랍니다. 배가 부풀었다가 꺼졌다가 하는 것을 손으로 느껴
보시기 바랍니다. 온몸을 이완해보시기 바랍니다. 호흡할수록 몸이
이완되는 것을 느껴보시기 바랍니다. 호흡은 원하는 만큼 횟수를 늘
려서 더 해도 됩니다. 어느 정도 몸이 이완되면, 배에서 손을 떼고 무
릎 위에 놓으시면 됩니다.

3. 충분히 이완되었으면, 다음을 떠올려보시기 바랍니다. 팔을 겨드랑

이에 붙이고 양쪽 손바닥이 하늘을 향하도록 손을 펴보시기 바랍니다. 그다음, 왼쪽 손바닥은 그대로 비워두고, 오른쪽 손바닥에 따뜻한 해의 기운을 가득 담는다고 상상해보시기 바랍니다. 왼쪽은 그대로 두고, 오른쪽 손에 지금 해의 따뜻한 기운을 담습니다. 이 느낌을 충분히 느껴보시기 바랍니다. 나는 조금 전, 내 '불안'을 한 단어로 떠올렸습니다. 이 단어를 속으로 세 번 반복해서 말합니다. 다음, 왼쪽 손바닥을 위로 향하도록 하고 이 단어를 올려놓아주시기 바랍니다. 그다음 오른쪽 손바닥으로 이 단어를 덮어주시기 바랍니다. 오른쪽 손바닥으로 왼쪽 불안의 단어를 토닥여주시기 바랍니다. 불안의 단어가 점점 녹아내리는 것을 느껴보시기 바랍니다. 녹아내려서 불안의 단어가 사라지는 것을 그대로 느껴보시기 바랍니다. 불안은 지금처럼 따뜻한 해의 기운으로 녹일 수 있으며, 또다시 불안이 찾아와도 해의 기운으로 녹일 수 있다는 사실을 지금, 이 순간 깨닫습니다. 잠시 후 마음속으로 셋을 센 다음 눈을 뜨고 손을 바로하면 됩니다. 하나, 둘, 셋.

4. 3)을 하고 나서 떠오른 단어 하나를 공책에 적고, 그 이유를 한 줄 이상 적어보시기 바랍니다. 혹시 아무것도 떠오르지 않아도 괜찮습니다. 눈을 뜬 채 이 상황을 그대로 상상해서 적어보셔도 됩니다.

5. 전체 소감을 적고 읽어주세요.

31 슬픔과 좌절과 낙담이 휘몰아치는 날

슬픔과 좌절, 낙담이라는 감정은 가급적 찾아오지 않으면 좋겠습니다. 그렇지만 원하지 않는 감정이 마구 밀려드는 것이 삶이지요. 이 감정들은 어떤 원인이 분명하게 주어졌기에 오는 것입니다. 그 원인이 해결되거나 상황을 있는 그대로 받아들이고 안고 갈 때 서서히 가라앉는 것을 알 수 있습니다. 물론 그 상황이 불러일으킨 암담함으로부터 완전히 놓여날 수는 없습니다. 그저 견딜 수 있을 정도로 크기가 작아진 슬픔을 안은 채 살아가는 것이지요. 지금은 그런 상황이 지나간 다음이 아니라, 휘몰아치는 날에 대해 말하려고 합니다.

슬픔과 좌절과 낙담의 폭풍우가 거세게 몰아치는 날, 우리는 대책 없이 그 감정의 소용돌이에 이리저리 치일 수밖에 없습니다. 그 혹독한 순간에는 무엇도 도움이 되지 않습니다. 그런 순간이 조금 지나간 뒤, 나를 챙겨야겠다고 마음먹을 때 우리는 다음과 같이 할 수 있습니다. 지금, 당신은 이 지독한 슬픔으로부터 벗어나겠다는 마음이 아니라, 견뎌내겠다는 마음으로 다시 이 책을 펼쳤을 것입니다. 이제, 함께 마음 안으로 들어가볼까요?

1. 내 마음을 '여인숙'이라고 상상해볼까요? 내 마음에 갑자기 예상하지 못한 손님들이 찾아옵니다. 기쁨, 환희, 사랑일 수도 있지만, 낙담, 좌절, 절망일 수도 있습니다. 이 모든 감정들은 초대하지 않아도 스스로 찾아오곤 합니다. 긍정적인 감정의 손님들이 오면 반갑고 감사하지만, 부정적인 감정이 오는 것은 거북하기 그지없습니다. 그런데도 이 모든 것에 감사하고 웃으면서 맞아들이라고, 어느 시인은 말합니다. 그는 이러한 감정들이 저 멀리 있는 존재, 눈에 보이지는 않지만 나를 사랑하고 지켜주는 존재가 나를 성장시키기 위해 보낸 선물인지도 모른다고 생각합니다. 부정적인 감정조차 말이지요. 그러고 보면, 이 모든 감정들은 '손님'입니다. 손님의 속성은 '머물러 있다가 떠난다'는 것입니다. 나는 내 삶의 주인이자 내 마음의 주인입니다. 감정들은 잠시 찾아왔다가 떠나갈 뿐입니다. 다음의 시를 한번 낭송해보시기 바랍니다.

여인숙

잘랄 아드딘 무하마드 루미

인간이라는 존재는 여인숙과 같다.
매일 아침 새로운 손님이 도착한다.

기쁨, 절망, 슬픔

그리고 약간의 순간적인 깨달음 등이
기대하지 않았던 방문객처럼 찾아온다.

그 모두를 환영하고 맞아들여라.
설령 그들이 슬픔의 군중이어서
그대의 집을 난폭하게 쓸어가버리고
가구들을 몽땅 내가더라도.

그렇다 해도 각각의 손님을 존중하라.
그들은 어떤 새로운 기쁨을 주기 위해
그대를 청소하는 것인지도 모르니까.

어두운 생각, 부끄러움, 후회
그들을 문에서 웃으며 맞으라.
그리고 그들을 안으로 초대하라.

누가 들어오든 감사하게 여겨라.
왜냐하면 모든 손님은 저 멀리에서 보낸
안내자들이니까.

2. 이 시의 전체 의미를 떠올리면서 눈으로 한 번 더 읽고, 느낀 점을 한
줄 이상 적어봅시다.

3. 이 시를 눈으로 한 번 더 읽으면서 인상 깊은 구절을 포착해 그대로 옮겨 적고, 그 이유를 적어봅시다.

4. '내 안의 슬픔, 좌절, 낙담을 나는 웃으면서 손님으로 맞이합니다'라는 문장으로 시작해 '나는 내 안의 슬픔, 좌절, 낙담한테 감사합니다'로 마무리하는 글을 적어보시기 바랍니다. 생각이 충분히 드러나도록 공책 한 장 정도로 써보시기 바랍니다.

5. 4)를 하고 나서 떠오른 단어 하나를 공책에 적고, 그 이유를 한 줄 이상 적어보시기 바랍니다.

6. 전체 소감을 적고 읽어주세요.

소리 없는
아우성

아우성은 떠들썩하게 기세를 올려 지르는 소리를 말합니다. 그렇다면 '소리 없는' 아우성이란 도대체 어떤 상태인 걸까요? 이 말을 들으면 유치환의 「깃발」이라는 시가 떠오릅니다. 이 시에서 시인은 깃발을 다음과 같이 묘사하고 있지요. '이것은 소리 없는 아우성 / 저 푸른 해원을 향하여 흔드는 영원한 노스탤지어의 손수건.' 깃발이 끊임없이 나부끼고 펄럭이는 광경은 비록 소리가 없다 해도 충분히 아우성으로 느낄 만합니다.

이제 우리 이야기를 해볼까요? 우리는 살아가면서 종종 해결하기 쉽지 않은 현실을 마주하고 막막함을 느끼게 됩니다. 그 어디에도 갑갑하고 힘겨운 마음을 털어놓을 수 없을 때, 마음을 제대로 알아주는 이가 없을 때 막막한 마음은 아우성을 쳐대지요. 스트레스가 잔뜩 쌓이는데 해소할 길이 없으니, 누적된 스트레스에 짓눌려 몸까지 휘청거리기 십상입니다. 이럴 때 우리는 어떻게 하면 좋을까요? 함께 이 고통을 해결하기 위해 글 안으로 떠나볼까요?

1. '내 안의 아우성' 하면 떠오르는 단어 하나를 공책에 쓰고, 그렇게 쓴
이유를 한 줄 이상 적어보시기 바랍니다.

2. 이번에는 눈을 감고 허리를 반듯하게 펴서 척추를 세우고 앉습니다.
고개를 정면으로 향하고, 의자에 앉아 있다면 깊숙이 바른 자세로 앉
습니다. 혹시 몸이 불편하거나 허리가 아프다면 눕거나, 의자 등받이
혹은 벽에 기대어도 됩니다. 복식호흡을 스무 번 정도 해봅시다. 복
식호흡을 하면 숨을 들이마실 때 배가 부풀어 오르고 내쉴 때 배가
꺼집니다. 잘되지 않으면 내쉬는 것에 집중해서 입으로 소리가 약간
날 정도로 충분히 내쉬어보시기 바랍니다. 그러면 충분히 들이마실
수 있습니다. 양손을 배 위에 얹고 배가 움직이는 것을 그대로 느껴
보시기 바랍니다. 배가 부풀었다가 꺼졌다가 하는 것을 손으로 느껴
보시기 바랍니다. 온몸을 이완해보시기 바랍니다. 호흡할수록 몸이
이완되는 것을 느껴보시기 바랍니다. 호흡은 원하는 만큼 횟수를 늘
려서 더 해도 됩니다. 어느 정도 몸이 이완되면, 배에서 손을 떼고 무
릎 위에 놓으시면 됩니다.

3. 충분히 이완되었으면, 다음을 떠올려보시기 바랍니다. 내 마음을 하

나의 깃발이라 생각하고 머릿속에 떠올려보시기 바랍니다. 높은 깃대 위에 마음이 끊임없이 펄럭이고 있습니다. 바람이 세차게 불수록 마음도 따라서 마구 흔들립니다. 마음이 흔들리고 있는 것을 고스란히 지켜보시기 바랍니다. 나는 지금 손을 뻗어 내 마음의 깃발을 내립니다. 깃대에서 내려서 마음을 차근차근 개고 있는 광경을 상상해보시기 바랍니다. 아름다운 보석이 박혀 있는 상자의 뚜껑을 열고 이 마음의 깃발을 안전하게 넣어둡니다. 이 상자를 햇빛이 비치고 바람이 살랑거리는 곳에 놓아두시기 바랍니다. 상자 위에 박힌 아름다운 보석들이 햇빛과 만나서 광채를 발하는 것을 그대로 지켜보시기 바랍니다. 지금의 느낌을 충분히 느껴보시기 바랍니다. 이제, 속으로 셋을 센 다음 눈을 뜹니다.

4. 3)을 하고 나서 떠오른 단어 하나를 공책에 적고, 그 이유를 한 줄 이상 적어보시기 바랍니다. 눈을 감은 채 제시문대로 했을 때 아무것도 떠오르지 않았다고 해도 괜찮습니다. 마음의 깃발을 떠올리고, 깃발을 개어 보석 상자에 넣고, 상자 위의 보석들이 찬란히 빛나는 광경을 상상해서 적으셔도 좋습니다.

5. 전체 소감을 적고 읽어주세요.

33 눈물조차
흘리지 못하는 날

그 어떤 사연이 있어서 눈물조차 흘리지 못할까요? 먹먹하고 막막한 심정으로 그저 견딜 뿐, 딱히 어찌할 도리가 없는 그런 날입니다. 힘들 때는 버텨내는 것만 해도 대견한 일입니다. 억지로 태연한 척하는 것은 사실 아무런 도움이 되지 못합니다. 아프면 아프다고, 힘들면 힘들다고 말해야 합니다. 속내를 털어놓을수록 막힌 곳이 뚫리고 시원해지기 때문입니다. 그런데 그런 하소연을 할 대상이 없다면 어떻게 해야 할까요? 누구를 붙잡고 그렇게 할 수 없다면, 지금 바로 여기 당신과 제가 있습니다. 함께 해볼까요?

1. 어떤 날의 저녁 무렵입니다. 무엇을 해도 마땅치 않습니다. 뭔가 잔뜩 꼬인 것이 분명합니다. 해결하고 싶지만, 딱히 방법이 있는 것도 아니어서 그저 기다리고 버텨내야만 합니다. 우두커니 앉아 있는데 갑자기 낙엽이 내 곁에 내려와 앉습니다. 그저 낙엽 하나일 뿐인데 이 순간 마치 마법에라도 걸린 듯한 느낌이 듭니다. 저 먼 곳에서 힘든 나를 지켜주는 어떤 보이지 않는 손길이 낙엽 하나로 메시지를 전해주는 듯합니다. 막막한 마음에 따뜻한 파문이 일어납니다. 다음의 시를 직접 낭송해보시기 바랍니다.

조용한 일

김사인

이도 저도 마땅치 않은 저녁
철 이른 낙엽 하나 슬며시 곁에 내린다

그냥 있어볼 길밖에 없는 내 곁에
저도 말없이 그냥 있는다

고맙다
실은 이런 것이 고마운 일이다

2. 이 시의 전체 의미를 떠올리면서 눈으로 한 번 더 읽고, 느낀 점을 한 줄 이상 적어봅시다.

3. 이 시를 눈으로 한 번 더 읽으면서 인상 깊은 구절을 포착해 그대로 적고, 그 이유를 적어봅시다.

4. 시의 주인공이 되어봅시다. 지금 나는 어느 저녁에 나무 아래 혼자 앉아 있습니다. 슬며시 곁에 내린 낙엽이 나에게 무슨 말을 건네는지 상상해서 적어보시기 바랍니다. 그리고 나는 뭐라 답하고 있는지 상상해서 적어보시기 바랍니다.

5. 4)를 쓴 다음 어떤 생각과 느낌이 드는지 적어보시기 바랍니다.

6. 전체 소감을 적고 읽어주세요.

34　완벽하게
　　　혼자일 때

　사실 우리는 완벽하게 혼자일 수가 없습니다. 먼저 우리가 살아가는 땅이 있고, 호흡하는 공기가 있습니다. 하루 동안 무엇이라도 먹었다면, 그 음식을 탄생시킨 존재는 헤아릴 수 없이 많습니다. 쌀 한 톨이 생겨나기까지 숱한 날 동안 햇빛과 바람과 손길들이 거쳐 갔기 때문입니다. 완벽하게 혼자가 아닌데도 혼자라고 느끼는 것은 아마도 외로움 때문이겠지요. 이 세상에 내 말을 귀담아 들어주고, 내 마음을 알아주는 사람이 아무도 없다는 사실은 우리를 무척 서글프게 만듭니다. 내 주위의 세상은 꽁꽁 얼어붙었고, 나는 세상과 유리된 채 살아가고 있는 것만 같은 생각이 들 때가 있습니다. '혼자'라는 느낌은 삶의 의미를 앗아 가고 삶에 대한 의욕을 상실하게 만들지요.

　이제, 이런 지독한 외로움을 들여다볼 시간입니다. 외로움의 깊이를 알아차릴 때 솟아오를 힘도 낼 수 있으니까요.

* **기본 필기구 외 준비물 : 12색 색연필이나 사인펜(색이 많을수록 더 좋습니다)**

1. '사막' 하면 떠오르는 색을 하나 꺼내어 사막을 그립니다.

2. '나' 하면 떠오르는 색을 하나 꺼내어 1)의 그림 위에 '나'를 그려봅니다. 자세히 그리지 않고 '나'라는 형체 정도로만 나타내도 좋습니다.

3. 2)의 그림을 자세히 들여다보면서 떠오르는 느낌을 한 단어로 나타내고 그 이유를 적어봅니다.

4. 1)의 나 옆에 손을 잡고 있는 누군가를 자유롭게 그려보시기 바랍니다.

5. 4)의 그림 속 손을 잡고 있는 이가 누구인지 잠시 떠올려보시기 바랍니다. 혹시 생각나지 않는다면, 누구였으면 좋을지 적어보시기 바랍니다(사람이 아니라 다른 존재여도 됩니다). '나'한테 다가와서 말을 걸고 있습니다. 어떤 말을 하는지, 또 나는 그 말에 무엇이라 답하는지 적어보시기 바랍니다.

6. 5)를 쓴 다음 어떤 생각과 느낌이 드는지 적어보시기 바랍니다.

7. 전체 소감을 적고 읽어주세요.

35 　죽음이
　　　부러운 날

살아 있는 것이 축복이라는 사실을 모르는 바는 아니지만, 간혹 이런 마음이 들 때가 있습니다. 이렇게 살 바에야 차라리 죽는 게 낫지 않을까? 죽으면 만사 다 잊고 고통에서 벗어날 수 있을 텐데. 나도 모르게 이런 암울한 생각에 사로잡힐 때가 있습니다. 그만큼 살아가는 게 녹록지 않은 것이지요. 이런 마음에 속수무책 지배당하고 있다면, 헤어나기란 쉽지 않습니다. 시간이 지나고 저절로 상황이 해결되어 이런 마음에서 벗어날 수 있다면 좋겠지요. 하지만 그렇게 되지 않을 경우, 혹은 상황과는 상관없이 이런 마음이 불쑥불쑥 들 때는 어떻게 하면 좋을까요? 이런 날에, 함께 다음과 같은 이야기를 나눠보고자 합니다.

* **기본 필기구 외 준비물 : 12색 색연필이나 사인펜(색이 많을수록 더 좋습니다)**

1. '나' 하면 떠오르는 색을 색연필이나 사인펜에서 하나 골라, 누워 있
는 내 모습을 그림으로 나타내봅니다.

2. '죽음' 하면 떠오르는 색을 하나 골라 1)의 그림 위에 덧칠합니다.

3. 2)의 그림을 자세히 들여다보며 떠오르는 느낌을 한 단어로 나타내
고 그 이유를 적어봅니다.

4. '죽은 나'가 '살아 있는 지금의 나'에게 건네는 말을 들어보시기 바랍니다. 내면의 속삭임에 따라 자유롭게 메시지를 적어보시기 바랍니다.

5. 4)를 쓴 다음 어떤 생각과 느낌이 드는지 적어보시기 바랍니다.

6. 전체 소감을 적고 읽어주세요.

왜
태어났을까?

'왜 태어났는가?'라는 질문은 근원적인 존재에 대한 물음입니다. 다분히 철학적인 성찰을 요구하는 질문입니다. 지금은 그런 것이 아니라 '왜 태어났을까?'라는 현실적인 질문으로 시작합니다. 언뜻 비슷해 보이지만, 우리말의 미묘한 차이가 행간에서 큰 의미의 차이를 가져오듯 이 말 또한 그러합니다. '왜 태어났을까?'라는 말에서 '왜'라는 단어를 의문을 담아 세게 발음하면, 태어난 것에 대한 불만스러운 감정이 느껴집니다. 괜히 태어나서 이 고생을 하고 있네, 차라리 태어나지 말걸, 이런 의미가 씹힙니다. 어쩐지 쓸쓸하고 허무한 느낌마저 드는군요. 억지로 살아가고 있는 이의 서글픔도 느껴집니다. 때때로, 이런 기분에 맞닥뜨리게 되면 답이 없습니다. 답답한 마음에 푸념 섞인 질문을 던져보지만, 스스로도 이미 알고 있습니다. 어리석기 그지없는 질문이라는 사실을요. 답 없는 질문은 그만 뒤로하고, 이제 원망, 불만, 슬픔 같은 감정들을 있는 그대로 가지고서 함께 마음 여행을 떠나볼까요?

1. '갓 태어난 나' 하면 떠오르는 단어를 하나 적고, 그 이유를 적어보시
기 바랍니다. 아기 때 모습을 떠올리거나 사진을 찾아서 바라보며 단
어를 생각해도 좋습니다.

2. '지금 현재의 나' 하면 떠오르는 단어를 하나 적고, 그 이유를 적어보
시기 바랍니다.

3. 2)의 나가 1)의 나에게 다음과 같이 물어봅니다. "왜 태어났을까?"
그다음 1)의 나와 자연스럽게 대화를 나눠보시기 바랍니다.

4. 3)을 하고 난 다음 어떤 생각과 느낌이 드는지 적어보시기 바랍니다.

5. 전체 소감을 적고 읽어주세요.

37 후회와 회한이
    사무치는 날

삶은 마음대로 되지 않는 것투성이입니다. 일이 계획한
대로 흘러가는 경우도 간혹 있지만, 대부분의 경우에는 잘되
지 않지요. 특히 인간관계나 주어진 일에서 그럴 때가 많습니
다. 나만 그런 건 아니라고 자신을 다독여도 이런 생각이 드
는 날이 있습니다. 도대체 내가 왜 그랬을까, 그러지 않았어야
했는데. 이미 지나간 일을 후회해봤자 소용없다는 사실을 알
지만, 깊은 후회와 상처가 남는 것은 어찌할 수 없습니다. 일
이 손에 잡히지 않고 계속 그 생각 안에서 맴돌게 되지요. 의
미 없는 일임을 알면서도, 마음은 후회스러운 일을 저질렀던
과거의 그 순간에서 한 발자국도 움직이지 못합니다. 자, 이제
함께 그 순간으로 가볼까요? 아픔을 극복하기 위해서는 아픔
안으로 들어가봐야 하니까요. 용기를 내보시기 바랍니다. 당
신은 혼자가 아닙니다. 이렇게 우리는 함께하고 있습니다.

1. '후회' 하면 생각나는 일을 한 단어로 나타내고 그 이유를 적어보시기 바랍니다.

2. 이번에는 눈을 감고 허리를 반듯하게 펴서 척추를 세우고 앉습니다. 고개를 정면으로 향하고, 의자에 앉아 있다면 깊숙이 바른 자세로 앉습니다. 혹시 몸이 불편하거나 허리가 아프다면 눕거나, 의자 등받이 혹은 벽에 기대어도 됩니다. 복식호흡을 스무 번 정도 해봅시다. 복식호흡을 하면 숨을 들이마실 때 배가 부풀어 오르고 내쉴 때 배가 꺼집니다. 잘되지 않으면 내쉬는 것에 집중해서 입으로 소리가 약간 날 정도로 충분히 내쉬어보시기 바랍니다. 그러면 충분히 들이마실 수 있습니다. 양손을 배 위에 얹고 배가 움직이는 것을 그대로 느껴보시기 바랍니다. 배가 부풀었다가 꺼졌다가 하는 것을 손으로 느껴보시기 바랍니다. 온몸을 이완해보시기 바랍니다. 호흡할수록 몸이 이완되는 것을 느껴보시기 바랍니다. 호흡은 원하는 만큼 횟수를 늘려서 더 해도 됩니다. 어느 정도 몸이 이완되면, 배에서 손을 떼고 무릎 위에 놓으시면 됩니다.

3. 충분히 이완되었으면, 위로와 격려를 해주는 '나만의 새' 이름을 세 번 부릅니다. 그 새가 '후회되는 순간'으로 날아갑니다. 과거의 그 순간 속에서 '나'를 만나 포근하게 어루만져주는 것을 그대로 느껴보시기 바랍니다. '나만의 새'가 따뜻하게 안고서 들려주는 말을 그대로 들어보시기 바랍니다. 자연스럽게 나와 대화해보시기 바랍니다.

4. 3)을 쓴 생각과 느낌을 적어보시기 바랍니다. 눈을 감은 채 제시문 대로 했을 때 아무것도 떠오르지 않았다고 해도 괜찮습니다. 눈을 뜬 채 '내 마음의 새'가 어디로 갔을 것 같은지, 과거의 어느 때로 가서 후회하는 나를 위로해줬을지 상상해서 적으셔도 좋습니다.

5. 전체 소감을 적고 읽어주세요.

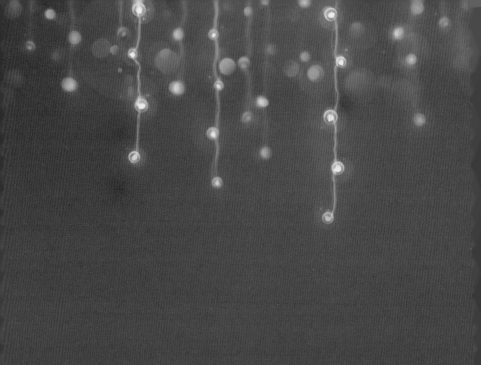

3
부

깊은 내면

작은 빛줄기 하나

– ◆ –

우리의 마음 여행에 속도가 붙기 시작했군요. 내면으로 성큼 들어가도록 용기를 내준 당신에게 참 고맙습니다. 이제 한 걸음 더 안으로 들어가려고 합니다. 지금껏 해온 것처럼, 꾸준하게 안으로 걸음을 내디디면 됩니다. 가끔은 주저될 때도 있지만, 뻐근했던 마음이 묘하게 풀리는 경험을 하셨으리라 믿습니다. 마치 뭉친 근육을 만질 때 통증을 겁내지 않고 마사지를 지속하다 보면 결국 시원해지는 것처럼 말이지요. 지금은 마음의 마사지를 받을 차례입니다. 혼자 하는 것처럼 느껴질 수도 있지만, 그렇지 않습니다. 여기, 당신과 함께하는 제가 있습니다. 또 보이지 않지만 우리를 도와주는 온화한 기운들이 있습니다. 그럼 마음 안으로 깊숙이 들어가볼까요?

살다 보면 가끔씩 캄캄한 어둠을 만나게 됩니다. 어둠 속
에 웅크리고 앉아서 어쩔 줄 모르는 순간이 있습니다. 그것은
실제로 닥쳐온 상황 때문이기도 하고, 심리적인 자극으로 인
해 내가 가진 어둠이 반응하기 때문이기도 합니다. 그럴 때 우
리는 동굴 속에 갇힌 듯한 갑갑한 느낌을 받습니다. 사방이 캄
캄한 가운데 어디로 가야 할지도 모르는 채로 옴짝달싹도 할
수 없는 처지가 되고 맙니다. 그런데 조금만 더 생각해보면,
그곳은 동굴이 아니라는 것을 알 수 있습니다. 동굴의 특징은
출구와 입구가 같다는 것에 있습니다. 들어간 곳으로 다시 나
와야 하지요. 하지만 우리는 같은 시간을 반복하지 않습니다.
매 순간마다 새로운 시간이 주어집니다. 우리가 있는 곳은 동
굴이 아니라 터널입니다. 살아가다 보면, 만나게 되는 어둠의
순간은 터널 안으로 들어가는 때이고, 어둠을 버텨내는 순간
은 조금씩 걸어서 앞으로 나아가는 것과 같습니다. 그 과정을
거치면서 결국 한 줄기 빛을 발견하는 것이지요. 그 빛은 어느
틈엔가 더욱 커져서 마침내 출구에 다다르면 축복처럼 빛이
쏟아지게 됩니다. 우리는 모두 그 빛을 향해 걸어가는 중입니

다. 어둠의 한가운데에 있더라도 말이지요. 터널이 길수록 들어갈 때와 나올 때의 차이가 극명해집니다. 터널을 빠져나올 때의 나는 더 이상 예전의 내가 아닙니다. 용기로 고난을 극복하고 한층 성숙해진 나이지요. 자, 이제 그런 나를 만나볼 차례입니다.

1. '내 삶의 어둠의 순간' 하면 떠오르는 상황이나 장면을 한 단어로 나
   타내보시기 바랍니다. 그리고 그 단어를 쓴 이유도 한 줄 이상 적어
   보시기 바랍니다.

2. '어둠의 순간'을 이겨낸 지금의 내가 그 당시의 나에게 들려주는 메
   시지를 적어보시기 바랍니다. 자신의 이름을 부르면서 과거의 나에
   게 얘기를 거는 식으로 진행하면 됩니다.

3. 2)를 쓴 생각과 느낌을 적어보시기 바랍니다.

4. 전체 소감을 적고 읽어주세요.

39 아무도 모르는 이야기

누구에게나 자신만의 비밀이 있습니다. 일부러 비밀스럽게 간직하는 경우도 있을 수 있지만, 의도치 않게 생기는 비밀도 있습니다. 타인에게 들키기를 꺼리기 때문에 생기는 것이지요. 그 비밀스러운 일은 끈적한 것이어서 좀처럼 나와 떨어지려고 하지 않습니다. 본래의 내가 아닌데도 내 본질의 모습이라고 여기게 만듭니다. 이 심리적인 비밀은 마음의 그림자와 같습니다. '심리적 그림자'는 누구에게나 있습니다. 마치 빛을 비추면 그림자가 생기듯이 말이지요. 그림자가 없는 삶은 없습니다. 그럼에도 불구하고 들킬세라 이 그림자를 꽁꽁 숨겨두거나 스스로 외면해버리고 맙니다. 심리적 그림자는 쓰레기와도 같아서 들추면 고약한 냄새가 나기도 합니다. 이로 인해 더욱 부끄럽고 민망하게 여기게 되지요. 그러는 동안 그림자는 걷잡을 수 없을 정도로 커져서 스스로 감당하기 힘든 지경에 이릅니다. 앞에서 한 차례 언급한 바와 같이 그림자의 속성은 얼음과 같습니다. 거대한 얼음을 없애는 좋은 방법은 얼음을 도끼로 쳐서 깨뜨리는 것이 아니라 온기를 가해 녹이는 것이지요. 뜨거운 열 속에서 얼음은 서서히 녹아내리다가 마침내 물이 되어 흐릅니다. 그렇다고 해서 그림자가 남김 없이 사라지는 것은 아닙니다. 삶 속에서 모든 감정이 공존하 듯이 빛과 그림자는 마음 안에 함께 있습니다. 다만, 그림자가 차지하는 영역이 줄어드는 것이지요. 그럴 때 상보 작용에 의 해 빛의 영역은 더욱 넓어지고, 마음에는 평온함과 아름다움 이 찾아들게 됩니다. 심리적 그림자를 줄이는 일은 그림자가 내 마음에 존재한다는 사실을 스스로 인정하는 것에서 시작됩 니다. 그다음, 그림자를 껴안아주는 것입니다. 얼음을 녹이듯 이요. 우리는 지금 그림자의 존재를 알아차리고 안아주는 작 업을 하려고 합니다.

1. 자신의 삶이 얼음이었다고 노래하는 시가 있습니다. 세상은 냉동공
   장이었고, 모두들 얼음생산에 열심이었다고 합니다. 자신도 얼음벽
   을 쳐놓고 들어앉아 있었다고 고백하고 있군요. 사랑의 불길이 꺼지
   는 것은 말할 것도 없고, 거만하고 고독했던 그때. 얼음동굴에서 얼
   음도끼로 얼음을 부수는 시늉을 했지만, 소용없었던 그 시절. 지금,
   해빙기가 되어서야 겨우 고백할 수 있는 차가운 시절에 대한 뉘우침
   과 부끄러운 이야기를 어디 한번 들어볼까요? 다음의 시를 소리 내
   어 낭송해봅시다.

   얼음의 자서전

   최승호

   나는 얼음학교들을 다니면서 얼음이 되어버렸다. 세상은 냉
   동공장이었다. 아버지, 선생, 독재자, 하느님에 이르기까지
   얼음생산에 열심이었다. 결빙으로 딱딱해진 스무 살 이후에
   는 눈물샘마저 얼어붙었다. 나는 얼음의 성이었다. 하얀 빙
   벽을 두른 고독으로 얼음의 자아를 고집했다. 아무도 내 안
   으로 들어올 수 없었다. 사랑의 불길조차 나에게 닿으면 꺼
   져버렸다. 빙벽의 시간 속에서, 가족들은 나를 어떻게 생각했
   을까. 거만하다고 말하지는 않았지만 거만하다고 생각지 않
   았을까. 얼음동굴의 얼음도끼들, 내 수염이었던 고드름들, 결

빙의 세월을 길게도 나는 살아왔다. 빙하기로 기록해둘 만한
자아의 역사!

2. 시를 다시 한번 낭송해보시기 바랍니다. 낭송하면서 떠오르는 단어
하나를 쓰고, 그 이유를 한 줄 이상 적어보시기 바랍니다.

3. 시에서 인상 깊은 구절이나 단어를 그대로 쓰고, 그 이유를 적어보시
기 바랍니다.

4. '내가 만든 내 삶의 얼음'이라고 하면 떠오르는 느낌을 포착해서 한
단어로 나타내고, 그 이유를 적어보시기 바랍니다.

5. 4)를 행하고 나서 어떤 느낌과 생각이 드는지 적어보시기 바랍니다.

6. 전체 소감을 적고 읽어주세요.

40 　숨죽여 울었던 날에
　　　관하여

　누구에게나 이런 순간이 옵니다. 울고 싶은데 마음 놓고 울지 못하는 순간. 눈물은 나는데 그 눈물을 혼자서 삼켜야 하는 순간. 가까운 사람에게조차 보이기 싫어서 소리를 죽여가며 울던 순간. 그럴 때, 우리의 서러움은 북받쳐 오릅니다. 마음 놓고 울 수 있다면 속이 좀 트이련만, 그렇지 못해서 더욱 답답해지기도 하지요. 지금은 그 눈물의 원인이 무엇이든 간에 눈물을 흘리고 있는 나를 안아주고 등을 토닥거려줄 시간입니다.

1. 울고 들어온 너를 위해 나는 마냥 함께 울지 않습니다. 대신 따뜻한 곳에서 몸과 마음을 덥히고는 간절한 마음으로 기다립니다. 그리고 기다리던 이가 돌아오면, 차가운 공기와 혹독한 마음으로 얼어붙은 그의 얼굴을 온 마음을 다해서 감싸 안아줍니다. 다음의 시를 소리 내어 낭송해봅시다.

> 울고 들어온 너에게
>
> 김용택
>
> 따뜻한 아랫목에 앉아 엉덩이 밑으로 두 손 넣고 엉덩이를 들었다 났다 되작거리다 보면 손도 마음도 따뜻해진다. 그러면 나는 꽝꽝 언 들을 헤매다 들어온 네 얼굴을 두 손으로 감싼다.

2. 시를 다시 한번 낭송해보시기 바랍니다. 낭송하면서 떠오르는 단어 하나를 쓰고 그 이유를 한 줄 이상 적어보시기 바랍니다.

3. 시에서 인상 깊은 구절이나 단어를 쓰고, 그 이유를 적어보시기 바랍니다.

4. '따뜻한 나' 하면 언제, 어느 때의 내가 떠오르는지 한 단어로 쓰고, 그 이유를 한 줄 이상 적어보시기 바랍니다.

5. 4)의 나를 떠올려서 '따뜻한 내가 울고 들어온 나를 안아줍니다'로 시작하는 글을 적어보시기 바랍니다. 분량은 자유입니다.

6. 5)를 행하고 나서 어떤 느낌과 생각이 드는지 적어보시기 바랍니다.

7. 전체 소감을 적고 읽어주세요.

41 멀쩡한데
눈물이 나

그건 거짓말입니다. 멀쩡한데 눈물이 나는 게 아니라, 멀쩡한 척해서 눈물이 나는 거지요. 천 번 만 번 괜찮다고 말하지만 실은 괜찮지 않은 것이지요. '괜찮다'는 말은 경우에 따라서는 굉장히 아픈 말입니다. 괜찮지 않을 때 괜찮다고 말하는 것은 자기 자신마저 속이는 일이 되니까요. 때때로 '괜찮다'는 힘든 내색을 하지 못하도록 자신을 억누르는 말이기도 합니다. '멀쩡한데'라는 말도 그렇습니다. 멀쩡하지 않다고 차마 말할 수 없어서, 멀쩡하다고 말해야 불안하지 않을 것 같아서 얼버무리고 자신마저 속이기도 합니다. 그것이 바로 '억압'입니다. 우리는 '억압'에서 완전히 자유로워질 수 없습니다. 현실에서 욕망을 모두 이루기란 불가능하고, 그래서 욕망은 어느 정도 억압을 받을 수밖에 없지요. 그렇지만 지나치게 억압하면 마음이 상처 입고 멍들게 됩니다. 지금, 멀쩡한데 눈물이 나는 것처럼요.

1. '눈물' 하면 떠오르는 것을 한 단어로 써보시기 바랍니다. 그리고 그렇게 쓴 이유를 적어보시기 바랍니다.

2. 1)을 하고 난 뒤 어떤 기분이 느껴지는지 적어보시기 바랍니다.

3. 이번에는 눈을 감고 허리를 반듯하게 펴서 척추를 세우고 앉습니다. 고개를 정면으로 향하고, 의자에 앉아 있다면 깊숙이 바른 자세로 앉습니다. 혹시 몸이 불편하거나 허리가 아프다면 눕거나, 의자 등받이 혹은 벽에 기대어도 됩니다. 복식호흡을 스무 번 정도 해봅시다. 복식호흡을 하면 숨을 들이마실 때 배가 부풀어 오르고 내쉴 때 배가 꺼집니다. 잘되지 않으면 내쉬는 것에 집중해서 입으로 소리가 약간 날 정도로 충분히 내쉬어보시기 바랍니다. 그러면 충분히 들이마실 수 있습니다. 양손을 배 위에 얹고 배가 움직이는 것을 그대로 느껴보시기 바랍니다. 배가 부풀었다가 꺼졌다가 하는 것을 손으로 느껴보시기 바랍니다. 온몸을 이완해보시기 바랍니다. 호흡할수록 몸이

이완되는 것을 느껴보시기 바랍니다. 호흡은 원하는 만큼 횟수를 늘려서 더 해도 됩니다. 어느 정도 몸이 이완되면, 배에서 손을 떼고 무릎 위에 놓으시면 됩니다.

4. 충분히 이완되었으면, 다음과 같이 떠올려보시기 바랍니다.
언덕 위에 나무가 있습니다. 나무에게는 아무도 알지 못하는, 아무에게도 말하지 못하는 아픔이 있습니다. 겉으로는 태연한 척, 아무렇지도 않은 척 살아가고 있지만 속으로 운 적이 한두 번이 아닙니다. 남들은 이 나무가 잎을 많이 달고 잘 자라고 있는 줄로만 생각합니다. 혹은 괜히 한 번씩 일부러 아픈 척을 한다고 생각합니다. 때로는 무관심하기도 하지요. 가족처럼 아주 가까운 이들도 그렇습니다. 나무의 아픔과 괴로움은 바로 당신만 알고 있습니다. 이 나무는 왜 이렇게 아플까요? 어디가 아프고, 왜 아프지 않은 척하는 것일까요? 그이유를 떠올려보시기 바랍니다. 이 나무에게 위로를 건넬 수 있는 사람은 바로 당신입니다. 나무에게 위로와 희망을 줄 말들을 건네봅시다. 이 말을 들은 나무가 뭔가 대답을 하고 있습니다. 나무의 말을 귀기울여 들어보시기 바랍니다. 나무와 나는 자연스럽게 대화를 나눕니다. 어떤 이야기가 오가는지 들어보시기 바랍니다. 자, 이제 대화를 마무리하고 있습니다. 셋을 세면 대화를 마치고 눈을 뜨면 됩니다. 하나, 둘, 셋. 이제 눈을 뜹니다.

5. 이 나무가 왜 아픈지, 어디가 아픈지, 왜 아프지 않은 척하는 것인지, 그리고 내가 건넨 위로의 말과 나무의 답변은 무엇인지 떠올리고 차

례로 적어봅니다. 혹시 아무것도 떠오르지 않아도 괜찮습니다. 눈을
뜬 채 이 상황을 그대로 상상해서 적으셔도 됩니다.

6. 5)의 느낌과 함께 떠오른 단어를 적고 그 단어를 쓴 이유를 적어봅
니다.

7. 6)을 쓴 생각과 느낌을 적어보시기 바랍니다.

8. 전체 소감을 적고 읽어주세요.

42   어리둥절,
얼렁뚱땅

'어리둥절'은 무슨 영문인지 몰라 얼떨떨한 것을 말합니다. '얼렁뚱땅'은 어떤 상황을 얼김에 슬쩍 넘기는 모양이나 남을 엉터리로 속여 넘기는 모양을 말합니다. 두 낱말은 서로 다른 뜻을 가지고 있지만, 한데 합쳐보면 무슨 영문인지 잘 모르면서 슬쩍 넘어가게 되는 상황을 나타냅니다. 어찌 보면 좋은 처세술로 느껴질 수도 있겠지만, 그런 경우가 반복되다 보면, 어느 순간 수박 겉핥기식으로 살아가고 있는 자신을 마주하게 될 것입니다. 인간관계도 그러합니다. 타인과의 관계를 진지하게 고민하거나 의미 있게 여기지 않고 대충 얼버무리며 넘어가는 상태가 되지요. 그야말로 피상적인 관계를 맺는 것입니다. 살아가다 보면 내 속마음을 숨기고 타인을 대해야 하는 경우가 종종 생깁니다. 한 번쯤은 속사정을 털어놓고 싶은데, 잘되지 않습니다. 상대방이 받아주지 않을까 봐 그럴 때도 있지만, 습관이 되지 않아서, 혹은 구질구질하게 보일까 봐 자신의 말을 꼭꼭 숨겨두기도 하지요. 그것은 억압이 되고 불만으로 내 안에 쌓이게 됩니다. 그러면서 내 속을 토로하지 않는 나 자신이 아니라, 상대방에 대해 불편한 마음을 갖게 됩니다.

중요한 것은 내가 가진 모든 속사정을 남김없이 토해내는 게 아닙니다. 나 자신과 소통하는 것입니다. 얼렁뚱땅 그저 넘어가려는 마음을 잠시 멈춰보시기 바랍니다. 고요하지만 반짝거리는 지금, 현재, 이 순간의 나를 알아차려볼까요? 그러다 보면, 내 안에서 부드럽고 따뜻한 손길이 누군가에게 뻗어나갈 겁니다. 자, 이제 억압의 줄을 풀고 좀 느긋하게 마음을 이완해볼까요?

1. 눈을 감고 허리를 반듯하게 펴서 척추를 세우고 앉습니다. 고개를 정면으로 향하고, 의자에 앉아 있다면 깊숙이 바른 자세로 앉습니다. 혹시 몸이 불편하거나 허리가 아프다면 눕거나, 의자 등받이 혹은 벽에 기대어도 됩니다. 복식호흡을 스무 번 정도 해봅시다. 복식호흡을 하면 숨을 들이마실 때 배가 부풀어 오르고 내쉴 때 배가 꺼집니다. 잘되지 않으면 내쉬는 것에 집중해서 입으로 소리가 약간 날 정도로 충분히 내쉬어보시기 바랍니다. 그러면 충분히 들이마실 수 있습니다. 양손을 배 위에 얹고 배가 움직이는 것을 그대로 느껴보시기 바랍니다. 배가 부풀었다가 꺼졌다가 하는 것을 손으로 느껴보시기 바랍니다. 온몸을 이완해보시기 바랍니다. 호흡할수록 몸이 이완되는 것을 느껴보시기 바랍니다. 호흡은 원하는 만큼 횟수를 늘려서 더 해도 됩니다. 어느 정도 몸이 이완되면, 배에서 손을 떼고 무릎 위에 놓으시면 됩니다.

2. 충분히 이완되었으면, 다음과 같이 떠올려보시기 바랍니다. 들이마실 때 싱그럽고 맑은 기운이 나를 감싸고 있다고 상상해보시기 바랍니다. 내쉴 때 내 안의 부정적인 것들, 마음의 찌꺼기, 스트레스가 빠져나간다고 상상해보시기 바랍니다. 들이마실 때 싱그럽고 맑은 기운이 들어오고, 내쉴 때 내 안의 스트레스가 빠져나갑니다. 이렇게 스무 번 반복해보시기 바랍니다.

3. 이제 들이마시면서 내가 숨을 들이마시고 있다는 사실을, 내쉬면서 내가 숨을 내쉬고 있다는 사실을 있는 그대로 느껴보시기 바랍니다. 들이마시고 내쉬는 것을 고스란히 느끼면서 호흡해보시기 바랍니다. 스무 번 반복해보시기 바랍니다. 그런 다음 지금, 현재, 이 순간의 느낌을 그대로 간직한 채 마음속으로 셋을 세고, 눈을 뜨면 됩니다. 하나, 둘, 셋. 이제 눈을 뜹니다.

4. 지금, 현재, 이 순간의 느낌을 한 단어로 적고 그 단어를 쓴 이유를 적어봅니다.

5. 4)를 쓰면서 떠오른 생각과 느낌을 적어보시기 바랍니다.

6. 전체 소감을 적고 읽어주세요.

43 아무 말도
할 수 없는 날

도무지 에너지가 생기지 않는 날이 있습니다. 앞에서 소
개한 김사인의 시 「조용한 일」의 구절처럼 '이도 저도 마땅치
않을 뿐'만 아니라 견뎌내고 버텨낼 힘조차 없는 날이지요. 긍
정적인 마음을 갖고 싶어도 여의치 않아서 망연자실하게 되
는 날입니다. 이렇게 답이 보이지 않는 날에는 누군가의 지지
를 받는 것도, 내 안의 '빛'을 알아차리는 것도 부질없게 느껴
지기도 합니다. 이런 감정은 그럴 만한 상황이 있어 빚어지기
도 하지만, 특별한 일이 없는데도 생겨날 수 있습니다. 온몸의
힘이 전부 소진되어버리고, 무엇을 해도 기운이 나지 않는 날.
아니, 무엇을 하고 싶다는 생각마저 들지 않을 때가 있지요.
마치 전원이 나가듯이 온몸과 마음의 코드가 뽑혀나가서 방전
된 날입니다. 그냥 가만히 놓아두고 시간이 흐르면 저절로 충
전이 될까요?

물론 그럴 수도 있겠지요. 하지만 저절로 온전히 채워지
기를 기대하는 것은 무리입니다. 조금 충전이 되는가 싶다가
도 이내 다시 방전되어버리기 일쑤지요. 그것은 인지하지 못
하는 사이 오래된 어떤 고질적 원인이 마음에 파고들어 일으

키는 만성적인 증상일 수 있습니다. 아무것도 하고 싶지 않은 날. 애써서 좋아지려는 노력조차도 하기 싫은 날. 그럼에도 이렇게 책을 펼친 당신은 큰 용기를 내신 것입니다. 이 글을 읽고 있다면, 당신은 좋아지기 위하여 이미 한 발 내디디신 겁니다. 자, 한 걸음만 더 앞으로 내디뎌볼까요? 안간힘을 써서 이렇게 해내고 계신 것을 알고 있습니다. 이제 다 왔습니다. 여기는 안전지대입니다.

1. '편안하게 쉴 수 있는 장소' 하면 떠오르는 곳을 공책에 적어보시기 바랍니다. 간단하게 한 줄 정도로만 적으면 됩니다.

2. 이번에는 눈을 감고 허리를 반듯하게 펴서 척추를 세우고 앉습니다. 고개를 정면으로 향하고, 의자에 앉아 있다면 깊숙이 바른 자세로 앉습니다. 혹시 몸이 불편하거나 허리가 아프다면 눕거나, 의자 등받이 혹은 벽에 기대어도 됩니다. 복식호흡을 스무 번 정도 해봅시다. 복식호흡을 하면 숨을 들이마실 때 배가 부풀어 오르고 내쉴 때 배가 꺼집니다. 잘되지 않으면 내쉬는 것에 집중해서 입으로 소리가 약간 날 정도로 충분히 내쉬어보시기 바랍니다. 그러면 충분히 들이마실 수 있습니다. 양손을 배 위에 얹고 배가 움직이는 것을 그대로 느껴보시기 바랍니다. 배가 부풀었다가 꺼졌다가 하는 것을 손으로 느껴보시기 바랍니다. 온몸을 이완해보시기 바랍니다. 호흡할수록 몸이 이완되는 것을 느껴보시기 바랍니다. 호흡은 원하는 만큼 횟수를 늘려서 더 해도 됩니다. 어느 정도 몸이 이완되면, 배에서 손을 떼고 무릎 위에 놓으시면 됩니다.

3. 충분히 이완되었으면, 다음과 같이 떠올려보시기 바랍니다. 들이마실 때 싱그럽고 맑은 기운이 나를 감싸고 있다고 상상해보시기 바랍니다. 내쉴 때 내 안의 부정적인 것들, 마음의 찌꺼기, 스트레스가 빠

져나간다고 상상해보시기 바랍니다. 들이마실 때 싱그럽고 맑은 기운이 들어오고, 내쉴 때 내 안의 스트레스가 빠져나갑니다. 이렇게 스무 번 반복해보시기 바랍니다.

4. 자, 이제 눈을 감은 그대로 내 몸과 마음이 가벼워지는 것을 느껴보시기 바랍니다. 나는 점점 가벼워지고 있습니다. 그리고 마음속으로 셋을 세면, 나는 내가 원하는 장소에 가 있을 것입니다. 내가 처음에 적었던 그 장소에 가게 됩니다. 이제 마음속으로 셋을 세어보세요. 하나, 둘, 셋! 나는 그 장소에 왔습니다. 이 장소에서 마음껏 충분히 쉬어보시기 바랍니다.

5. 내가 원하는 이 장소에서 나는 가장 편안한 자세로 있습니다. 이제 들이마시면서 내가 숨을 들이마시고 있다는 사실을, 내쉬면서 내가 숨을 내쉬고 있다는 사실을 있는 그대로 느껴보시기 바랍니다. 들이마시고 내쉬는 것을 고스란히 느끼면서 호흡해보시기 바랍니다. 스무 번 반복해보시기 바랍니다. 그런 다음 지금, 현재, 이 순간의 느낌을 그대로 간직한 채 마음속으로 셋을 세고, 눈을 뜨면 됩니다. 하나, 둘, 셋. 이제 눈을 뜹니다.

6. 지금, 현재, 이 순간의 느낌을 한 단어로 적고 그 단어를 쓴 이유를 간단하게 적어봅니다. 아무것도 떠오르지 않아도 괜찮습니다. 눈을 뜬 채 이 상황을 그대로 상상해서 적어보셔도 됩니다.

7. 전체 소감을 적고 읽어주세요.

44 　 짙은 어둠 속
막막함들

살아간다는 것은 기나긴 터널을 통과하는 것과 같습니다. 터널의 끝이 어디인지 우리는 알 수 없습니다. 걸어갈수록 더욱 짙어지는 어둠 속에서 마치 동굴에 갇힌 듯한 갑갑함을 느끼기도 합니다. 그럼에도 삶의 길은 동굴이 아니라 터널입니다. 계속 걷다 보면 반드시 한 줄기 희미한 빛을 보게 되고, 그 빛을 향해 가다 보면 결국은 폭포수처럼 쏟아지는 빛을 만나서 터널을 빠져나오게 되지요. 물론 터널이 하나만 있는 건 아닙니다. 인생이라는 길을 걷다 보면 언제고 또 다른 터널을 만나게 됩니다. 터널을 힘겹게 통과한 기억 때문에 새로운 터널을 마주할 용기가 나지 않기도 합니다. 고개를 절레절레 흔들며 도망가고 싶을 때도 있지요. 그러나 우리의 삶에는 뒷걸음질이 없습니다. 그저 주어진 길을 정면으로 돌파하며 뚜벅뚜벅 걸어가야 합니다. 그것이 삶의 법칙이지요.

1. '터널의 출구로 나온 나' 하면 떠오르는 느낌을 포착해서 한 단어로
   나타내고, 그 이유를 적어보시기 바랍니다.

2. 1)의 단어를 떠올린 나는 구체적으로 언제의 나인가요? 시기를 적어
   보시기 바랍니다. 나이와 때를 적으시면 됩니다. 그리고 그때의 나는
   어떤 마음을 가지고 있을까요? 떠오르는 대로 적어보시기 바랍니다.

3. 1)과 2)의 내가 지금, 현재, 이 순간의 나에게 들려주는 메시지를 적
   어보시기 바랍니다. 즉, 터널을 빠져나온 내가 터널 안의 캄캄한 어
   둠 속에 있는 나에게 들려주는 메시지입니다. 자신의 이름을 호명하
   면서 시작하면 됩니다.

4. 3)에서 적은 글을 소리 내어 읽어봅니다. 지금의 내가 아니라 '터널
   의 출구로 나온 나'가 되어·지금의 나에게 들려주는 마음으로 읽으시
   면 됩니다.

5. 4)를 듣고, 지금, 현재, 이 순간의 내가 답하는 글을 공책에 적어보시기 바랍니다. 3)을 적은 바로 아래가 아니라 그다음 장에 적어주시기 바랍니다. 즉, 터널을 나온 내가 들려주는 메시지를 듣고 현재의 내가 터널을 빠져나온 나에게 들려주는 답입니다.

6. 5)를 소리 내어 읽어봅니다. 읽고 나서 지금, 현재, 이 순간의 느낌을 한 단어로 적고 그 단어를 쓴 이유를 간단하게 적어봅니다.

7. 전체 소감을 적고 읽어주세요.

45 혼자 서 있는 깃발처럼

한번 상상해볼까요? 높은 지대 위에 펄럭이는 깃발이 되어보세요. 천둥 번개가 치고 비바람이 불든 땡볕이 사정없이 내리쬐든 밤낮 없이 꼼짝 않고 서 있는 깃발을 상상해보세요. 바람은 쉴 틈조차 주지 않고 마구 나를 뒤흔들고 있습니다. 비에 후줄근하게 젖은 몸에 강한 바람이 불어서 춥고 고단하기이를 데 없습니다. 주위에는 아무도 없습니다. 오직 혼자 그렇게 높은 곳에서 나부끼고 있습니다.

자, 이런 느낌에 동감이 되시는지요? 어쩌면 별로 감흥이 없을 수도 있겠습니다. 어느 쪽이든 괜찮습니다. 모든 것은 상상에 따른 느낌이니까요. 이제 혼자 외롭게 서 있는 깃발이될 차례입니다. 아니, 미처 느끼지 못했을 뿐 이미 그런 깃발처럼 살아왔던 나 자신을 직면할 시간입니다.

1. '혼자 서 있는 깃발 같은 나' 하면 떠오르는 느낌을 포착해서 한 단어로 나타내고 그 이유를 적어보시기 바랍니다.

2. 잠시 눈을 감고 1)의 느낌을 고스란히 느껴보시기 바랍니다. 지금 서 있는 공간만 보면 나는 혼자입니다. 그런데 주위를 둘러보면, 나처럼 각각 혼자 서 있는 깃발 같은 사람들이 있습니다. 하나, 둘, 셋……. 아주 많은 사람들이 저마다 외로운 깃발처럼 혼자 서 있는 것을 알 수 있습니다. 그 사람들을 둘러보시기 바랍니다. 어떤 느낌이 드는지 그대로 느껴보시기 바랍니다. 이 느낌을 그대로 간직한 채 눈을 뜨시기 바랍니다.

3. '외로운 깃발처럼 혼자 서 있는 무수히 많은 사람들'에 대한 느낌을 적어보시기 바랍니다.

4. '나는 혼자 서 있는 깃발 같지만, 이 세상 모든 이들이 그렇다는 것을 압니다'라는 문장으로 시작하는 글을 적어보시기 바랍니다.

5. 4)를 쓰고 난 느낌과 생각을 적어보시기 바랍니다.

6. 전체 소감을 적고 읽어주세요.

46 이대로 괜찮을까?

간혹 이런 생각이 들 때가 있습니다. 내가 잘 살고 있는 걸까? 이렇게 사는 것이 맞을까? 더 좋은 삶을 살아야 하는 게 아닐까? 내가 인생의 길을 올바르게 가고 있는 걸까?

삶에는 정답이 없습니다. 선택이 있고, 그 선택에 따르는 책임이 있을 뿐이지요. 옳고 그름은 누구도 함부로 판단할 수 없습니다. 그럼에도 우리는 때때로 정답을 찾고 싶어 합니다. 그럴 때 함께 이런 얘기를 나눌 수 있겠습니다.

1. 눈을 감고 허리를 반듯하게 펴서 척추를 세우고 앉습니다. 고개를 정면으로 향하고, 의자에 앉아 있다면 깊숙이 바른 자세로 앉습니다. 혹시 몸이 불편하거나 허리가 아프다면 눕거나, 의자 등받이 혹은 벽에 기대어도 됩니다. 복식호흡을 스무 번 정도 해봅시다. 복식호흡을 하면 숨을 들이마실 때 배가 부풀어 오르고 내쉴 때 배가 꺼집니다. 잘되지 않으면 내쉬는 것에 집중해서 입으로 소리가 약간 날 정도로 충분히 내쉬어보시기 바랍니다. 그러면 충분히 들이마실 수 있습니다. 양손을 배 위에 얹고 배가 움직이는 것을 그대로 느껴보시기 바랍니다. 배가 부풀었다가 꺼졌다가 하는 것을 손으로 느껴보시기 바랍니다. 온몸을 이완해보시기 바랍니다. 호흡할수록 몸이 이완되는 것을 느껴보시기 바랍니다. 호흡은 원하는 만큼 횟수를 늘려서 더 해도 됩니다. 어느 정도 몸이 이완되면, 배에서 손을 떼고 무릎 위에 놓으시면 됩니다.

2. 충분히 이완이 되었으면, '나만의 새' 이름을 부릅니다. 기억해야 할 것은 '나만의 새'는 비판이나 비난을 하지 않고, 오로지 사랑으로 따뜻한 격려와 위로를 해주는 새라는 사실입니다. 새 이름을 세 번 부르면, 나만의 새가 또렷하게 내 앞에 나타나 지금, 현재, 이 순간의 나에게 무언가 메시지를 들려줄 겁니다. 그리고 자연스럽게 나와 대화를 나눌 겁니다. 충분히 대화를 나눈 다음 작별 인사를 하면 됩니다. 셋을 세고, 눈을 뜹니다.

3. 1)과 2)를 하고 난 느낌, 나만의 새와 나눈 대화를 떠올리고 그대로
적어보시기 바랍니다.

4. 3)을 쓰고 난 느낌과 생각을 적어보시기 바랍니다.

5. 전체 소감을 적고 읽어주세요.

47   차라리 태어나지
않았더라면

예기치 못한 불행이나 원치 않았던 상황과 맞닥뜨렸을 때, 인간관계에서 큰 상처를 받았을 때, 나도 모르게 떠오르는 말이 있습니다. 사는 게 지옥이다. 차라리 태어나지 않았더라면 얼마나 좋았을까. 삶은 너무나 가혹하다. 이러한 말들이 그저 넋두리에 불과하다는 것은 이미 알고 있습니다. 상황 해결에 아무 도움이 안 된다는 것을 알면서도 나도 모르게 토해내는 한숨 같은 것이지요. 세상살이는 참으로 만만치 않습니다. 인간은 저마다 고뇌를 안고 살아가지요. 그 고뇌의 덩어리가 커질 때도 줄어들 때도 있지만, 살아 있는 한 아예 없어지지는 않습니다. 누구든 그러합니다.

눈앞의 상황을 감당하기 힘들어 넋두리밖에 할 수 없는 그런 순간은 앞으로도 찾아올 수 있습니다. 내 발등에 떨어진 불을 끄기에 급급해 주변을 돌아볼 엄두조차 나지 않는 그런 때 말이지요. 하지만 이렇게 책을 펼쳤다는 것만으로도 회복의 좋은 예감이 듭니다. 이제 함께 얘기를 풀어볼까요?

1. '막 세상에 태어나는 나'를 떠올려보시기 바랍니다. '갓 태어난 나' 하면 떠오르는 단어를 하나 포착해서 적고, 그 이유를 적어보시기 바랍니다.

2. '막 세상을 떠나는 나'를 떠올려보시기 바랍니다. '임종을 앞둔 나' 하면 떠오르는 단어를 하나 포착해서 적고, 그 이유를 적어보시기 바랍니다.

3. 2)의 나가 1)의 나에게 들려주는 메시지를 적어보시기 바랍니다. 즉, '임종을 앞둔 나'가 '갓 태어난 나'에게 들려주는 메시지입니다.

4. 3)의 메시지를 소리 내어 읽어봅니다. 읽을 때 나는 '임종을 앞둔 나' 가 됩니다.

5. 2)의 나가 지금, 현재, 이 순간의 나에게 들려주는 메시지를 적어보시기 바랍니다. 즉, '임종을 앞둔 나'가 지금, 현재, 이 순간의 나에게 들려주는 메시지입니다.

6. 5)의 메시지를 소리 내어 읽어봅니다. 읽을 때 나는 '임종을 앞둔 나'가 됩니다.

7. 지금, 현재, 이 순간의 느낌과 생각을 적어보시기 바랍니다.

8. 전체 소감을 적고 읽어주세요.

모든 비밀은 아슬아슬합니다. 밖으로 새어 나가선 안 되지만, 언제든 새어 나갈 수 있는 위험성을 안고 있으니까요. 또한 비밀은 신비롭습니다. 함부로 발설해서도 안 되고, 따라서 좀처럼 모습을 드러내지 않으니까요. 누구나 여간 친밀한 사이가 아니고서는 자신의 비밀을 잘 털어놓지 않습니다. 이제 우리는 타인이 아닌 바로 나 자신과 나의 비밀을 나누려 합니다. 그러려면, 우리가 그동안 쌓아온 여러 과정으로 인해 나 자신과 '친하다'는 사실을 스스로 알아차려야 합니다. 그래야 이야기를 펼쳐놓을 수 있습니다. 자, 준비가 되셨나요? 나 자신을 믿을 만한 존재라고 스스로 인정하시나요? 그러면 그냥 자연스럽게 이렇게 말하면서 시작하겠습니다.

쉿! 비밀인데…….

1. '비밀' 하면 떠오르는 느낌을 포착해서 한 단어로 나타내고, 그 이유를 적어보시기 바랍니다. 단, 느낌을 적고 그 비밀의 내용은 적지 마시기 바랍니다.

2. '내 비밀은'이라는 말로 시작하는 글을 자유롭게 써주시기 바랍니다. 아무도 읽지 않는 나만의 글입니다. 마음 놓고 써보시기 바랍니다.

3. 2)의 글을 소리 내어 읽어봅니다. 심호흡을 하고 평온한 마음으로 읽어주시기 바랍니다.

4. 3)을 행하고 나서 어떤 느낌과 생각이 드는지 있는 그대로 적어보시기 바랍니다.

5. 전체 소감을 적고 읽어주세요.

49   지금은
        작은 빛줄기 하나

믿을 수 없는 기적이 일어났습니다. 언제까지나 터널 안에 머물러 있을 줄로만 알았는데 그게 아니었습니다. 지금껏 걸음을 멈추고 싶은 순간이 숱하게 지나갔습니다. 하지만 안간힘을 쓰며 버텨왔고, 주저앉거나 포기하지 않은 덕분에 마침내 '빛'을 만났습니다. 희망의 실체를 깨닫게 되는 순간입니다. 아직은 작은 빛줄기 하나이지만, 이 빛은 점점 커질 것입니다. 이제 이 빛을 향해 발걸음을 옮길 때입니다. 기진맥진하면서도 끝내 버텨낸 지난 시간에 대해 이제 이렇게 이름 붙일 수 있겠습니다. 그 고난을 견뎌왔던 순간들이 바로 '성공'의 순간이었다고요. 자, 이제 빛줄기 쪽으로 한 걸음 더 내디뎌볼까요?

1. '터널 안에서 발견한 작은 빛줄기' 하면 떠오르는 느낌을 한 단어로 포
   착해서 써보시기 바랍니다. 그리고 그 이유를 적어보시기 바랍니다.

2. '터널 안의 빛줄기'가 지금, 현재, 나에게 들려주는 메시지를 적어보
   시기 바랍니다. 빛줄기가 나에게 말을 거는 방식으로 적어보시기 바
   랍니다. 떠오르는 대로 적으시면 됩니다.

3. 2)의 글을 소리 내어 읽어봅니다. 읽을 때 나는 빛줄기가 됩니다.

4. 빛줄기가 들려주는 메시지를 듣고 내가 답하는 글을 적어봅니다. 그
   다음, 자연스럽게 빛줄기와 내가 나누는 대화를 글로 적어보시기 바
   랍니다. 떠오르는 대로 적으시면 됩니다.

5. 4)의 글을 소리 내어 읽어봅니다. 나는 '빛줄기'가 되기도 하고 '나'
가 되기도 합니다.

6. 5)를 행하고 나서 어떤 느낌과 생각이 드는지 있는 그대로 적어보시
기 바랍니다.

7. 전체 소감을 적고 읽어주세요.

50　계속
　　　걸어가기

　　이제 빛줄기를 향해 걸어가기로 선택하고 걸음을 뗐습니다. 당신은 캄캄한 터널의 한가운데에 있을 때도 그대로 머물러 있을지, 아니면 앞으로 나아갈지 선택의 기로에 서 있었습니다. 그리고 선택하고 행동했지요. 마지못한 것이었다 해도 꾸준히 발걸음을 옮기며 버텨냈습니다. 스스로 삶을 포기하지만 않으면 터널을 통과할 수 있습니다. 그것이 우주의 에너지가 우리에게 준 절대적인 방법이며, 터널을 통과하는 유일한 비법이지요. 한마디로 하면 이렇습니다. '포기하지 말고 견뎌내기!' 물론, 힘들고 아프고 고단한 과정입니다. 너무나 힘들어서 포기하고 싶어지는 순간도 많았을 겁니다. 그래도 결국 당신은 견뎌내기로 했고, 그 끝에서 빛줄기를 만났습니다. 기적이 시작되었습니다. 기적을 향해 발걸음을 옮기기로 선택하고 행동에 나선 자신에게 박수를 보내야 할 때입니다. 축하드립니다.

* **기본 필기구 외 준비물 : 12색 색연필이나 사인펜(색이 많을수록 더 좋습니다)**

1. '터널 안에서 빛줄기를 향해 걸어가는 나' 하면 떠오르는 느낌을 그림으로 그려보시기 바랍니다. 방법은 간단합니다. 구체적인 형상으로 나타내도 되고, 선이나 원이나 기하학적인 문양으로 나타내도 됩니다. 낙서하듯이 가볍게 그려보시기 바랍니다.

2. 1)을 그리고 나서 떠오르는 느낌을 공책의 다음 장에 한 단어로 나타내보시기 바랍니다. 그리고 그 아래 한 줄 정도로 단어를 쓴 이유를 적어보시기 바랍니다.

3. 1)의 그림에 축하의 상징(꽃, 축포, 메달, 상장 등)을 그려주시기 바랍니다.

4. 지금, 현재, 이 순간의 느낌을 그대로 적어보시기 바랍니다.

5. 내가 나에게 보내는 칭찬과 격려의 메시지를 적어보시기 바랍니다. 분량은 자유롭게 떠오르는 대로 적으시면 됩니다.

6. 5)의 글을 소리 내어 읽어봅니다.

7. 6)을 행하고 나서 어떤 느낌과 생각이 드는지 있는 그대로 적어보시기 바랍니다.

8. 전체 소감을 적고 읽어주세요.

4
부

마음의 빛

빛 안으로

—◆—

여기까지 오신 당신께 축하와 환영의 박수를 보내드립니다. 꾸준히 전진해 지금 여기 다다른 것은 온전히 당신의 끈기와 노력과 용기 덕분입니다. 이제 당신의 내면에 있는 핵심, 마음이라는 원의 중심인 '빛'을 만날 차례입니다. 우리는 생명을 부여받은 순간부터 모두 이 '빛'을 간직하고 있습니다. 결코 사라지지 않고 꺼지지도 않는 아름다운 빛이 저마다의 고유한 색채를 지닌 채 우리 마음 한가운데에서 환하게 빛나고 있습니다. 하지만 우리는 줄곧 이 빛을 두꺼운 천 같은 것으로 가려왔습니다. 그리고 마음에 어둠만 있다고 자꾸 착각하곤 했지요. 자신이 빛을 가리고 있는 줄도 모르고요. 이제 어둠을 드리우는 천들을 걷어내고 빛을 만날 차례입니다. 빛을 만나는 일은 어렵지 않습니다. 빛을 만나는 것은 빛이 내 마음 안에 있다는 사실을 자각하는 것입니다. 빛이 내 마음의 중심이라는 사실을 받아들이는 것입니다. 어떤가요? 생각보다 간단한 방법이지요? 그럼 소리 내어 이렇게 말해볼까요? "내 마음에는 빛이 있다!" 아주 잘하셨습니다!

51 터널
통과하기

터널을 통과하는 것은 험난한 일입니다. 할 수만 있다면, 터널 따위는 없었으면 좋겠습니다. 어둠은 절대 없고, 환하고 밝기만 하면 얼마나 좋을까요. 그런데 우리는 이것이 이룰 수 없는 소망임을 알고 있습니다. 부정 하나 없이 긍정만 있는 것은 이미 삶이 아니기 때문입니다. 빛과 그림자가 있듯이 삶에도 명암이 존재합니다. 터널 안은 한없이 캄캄하고 아득해서 절대 빠져나갈 수 없으리라는 생각이 들 때가 있습니다. 언제까지나 이 어둠이 나를 지배하고 말 거라는 낙담이 마음을 사로잡기도 합니다. 그렇지만 분명한 것은 어둠이 가득 깔린 이곳이 '터널'이라는 사실입니다. 들어갈수록 깊은 어둠이 도사리고 있는 동굴이 아닙니다. 억지로 견뎌내더라도 포기하지 않으면 어느 틈엔가 터널의 끝자락에 와 있다는 기적적인 사실을 깨닫게 됩니다.

1. '내 삶의 터널 안' 하면 떠오르는 기억에 대해 한 단어로 나타내고 그렇게 표현한 이유를 적어봅시다. 구체적으로 언제인지, 무엇을 할 때였는지 적어보시기 바랍니다.

2. '나는 터널을 벗어난 적이 있습니다'라는 문장으로 시작하는 글을 적어보시기 바랍니다. 떠오르는 대로 자유롭게 적으면 됩니다.

3. 2)의 글을 소리 내어 읽어봅니다. 읽고 나서 문득 떠오르는 느낌을 한 단어로 적고, 그 이유를 함께 적어보시기 바랍니다.

4. 지금 나는 터널의 어디쯤 와 있는지 적고, 그 이유를 적어보시기 바랍니다.

5. 앞으로 나는 터널의 어디쯤 와 있을 것인지 적고, 그 이유를 적어보
시기 바랍니다.

6. 4), 5)의 글을 소리 내어 읽어봅니다. 읽고 나서 문득 떠오르는 느낌
을 한 단어로 적고 그 이유를 함께 적어보시기 바랍니다.

7. 전체 소감을 적고 읽어주세요.

52 빛을
알아차리기

터널의 끝이 가까워졌다는 사실을 어떻게 알 수 있을까요? 당신이 짐작한 그대로입니다. 바로 '빛'을 목격하는 겁니다. 가느다란 빛 한 줄기이지만, 빛은 강력합니다. 출구에 곧 다다를 것이라는 신호를 주고 있기 때문이지요. 막막한 어둠 밖에 없는 상황에서 빛이 주는 메시지는 너무나 황홀합니다. 깊은 어둠에서 헤매던 이들에게는 더욱 환하게 다가오겠지요.

인생에는 숱한 터널이 존재합니다. 내면의 성숙도에 따라서 매번 다른 터널이 다가와 우리의 영혼을 한 뼘 더 성장시킵니다. 터널을 만든 존재는 인간이 아니라 신입니다. 신을 믿지 않는다면 우주의 에너지라고 생각해도 좋습니다. 눈에 보이지 않지만 우리 가까이 있는 어떤 존재가 우리를 위해 마련해둔 고난과 역경이라는 이름의 터널. 그것을 통과하는 과정은 쉽지 않겠지만, 언젠가는 분명 출구에 다다라 또다시 빛을 마주하게 될 것이고, 우리는 귀한 성공의 체험을 하게 될 것입니다. 지금은 빛을 알아차리는 순간입니다. 자, 이 기적을 함께 만나볼까요?

1. '내 삶의 빛' 하면 떠오르는 장면에 대해 한 단어로 나타내고 그 이유
   를 적어보시기 바랍니다.

2. '내 삶의 빛을 따라 걸어가고 있습니다'라는 문장으로 시작하는 글을
   써보시기 바랍니다. 자유롭게 느끼고 생각나는 대로 적어보시면 됩
   니다.

3. 2)의 글을 소리 내어 읽어봅니다. 읽고 나서 문득 떠오르는 느낌을
   한 단어로 적고, 그 이유를 함께 적어보시기 바랍니다.

4. 전체 소감을 적고 읽어주세요.

53 빛 안으로
걸어가기

빛을 만났다면, 이제 그 빛 속으로 당당히 걸음을 내디뎌야겠지요. 그런데 너무 오랫동안 어둠 속에 박혀 있었던 탓에 빛을 두려워하고 어둠에 웅크리는 것이 습관처럼 굳어진 이들도 있습니다. 그런 사람들은 빛줄기가 보여도 믿으려 하지 않습니다. 혹은 빛을 보지 않으려고 눈을 감은 채 스스로 어둠을 만들어내기도 합니다. 빛은 분명 존재하지만, 빛 안으로 걸어가는 것은 '용기' 있는 자들만이 할 수 있는 일입니다. 자신을 어둠과 절대 분리할 수 없다고 여기는 이들은 빛을 보더라도 그것을 외면하고 익숙한 어둠을 선택하고 맙니다. 이처럼 빛을 거부하고 외면하려 든다면, 혼자서 치유하기란 쉽지 않습니다. 혹시라도 이런 경험을 갖고 있다면 적극적으로 치유에 도움이 될 만한 방법을 찾아보는 것이 좋겠습니다.

자, 지금 우리는 빛을 마주하고 그 안으로 걸음을 옮기려 하고 있습니다. 어떤가요? 기대되고 설레나요, 아니면 아직은 조금 두려운가요? 별다른 거부감이 들지 않는다면, 함께 빛 안으로 들어가봅시다.

1. '빛 안으로 걸어가고 있는 나' 하면 떠오르는 느낌을 한 단어로 적고
  그 이유를 적어봅시다.

2. 1)의 글을 소리 내어 읽어봅니다. 읽고 나서 문득 떠오르는 느낌을
  한 단어로 적고 그 이유를 함께 적어보시기 바랍니다.

3. '빛 안에서 빛과 만나는 나' 하면 떠오르는 느낌을 한 단어로 적고 그
  이유를 적어봅시다.

4. 3)의 글을 소리 내어 읽어봅니다. 읽고 나서 문득 떠오르는 느낌을
  한 단어로 적고 그 이유를 함께 적어보시기 바랍니다.

5. 전체 소감을 적고 읽어주세요.

54   그림자 녹이기

그림자는 빛이 있는 한 언제나 존재합니다. 인간의 마음에도 빛과 그림자가 공존하고 있지요. 마음의 그림자는 내가 인정하기 싫어하는 쓰레기 같은 마음을 일컫습니다. 친한 친구가 잘나가는 것을 보고 이상하게 속이 뒤틀리는 느낌. 자신보다 어려운 처지의 이를 동정하면서도 어쩐지 우쭐해지는 기분. 주변 분위기에 압도되어 잘못된 것을 알고도 말 한 마디 꺼내지 못한 비겁함. 들여다보면 부끄럽기 짝이 없는 내 모습입니다. 들여다보는 것만으로도 치명적인 상처가 되기 때문에 차라리 외면하거나 덮어두고 없는 척하려고 하지요. 빛이 드리울 때 그림자가 생겨나듯이, 나에게 그림자가 있는 것은 내 안에 빛이 있기 때문이라는 사실을 인식할 필요가 있습니다.

그림자는 거부하고 외면할수록 더욱 커집니다. 게다가 기괴하게 일그러지기까지 하지요. 그림자의 크기를 줄이기 위해서는 '얼음'을 떠올리면 됩니다. 제아무리 거대한 얼음이라도 열을 가하면 녹아내리듯이, 그림자를 녹이는 것 또한 따뜻한 온기입니다. 따뜻한 빛을 품은 마음으로 내가 그림자를 녹여주는 것이지요.

1. '내 마음의 그림자' 하면 떠오르는 단어를 하나 적고 그 이유를 적어
봅시다.

2. 잠시 눈을 감고 복식호흡을 열 번 반복해봅니다. 허리를 곧추세우고
(허리가 불편한 분은 어딘가에 편안하게 기대어도 좋습니다) 고개를
들고 몸은 정면을 향합니다. 배가 쏙 들어가도록 입으로 숨을 충분히
내쉬고, 배가 부풀어 오를 때까지 코로 숨을 충분히 들이마십니다.

3. '내 마음의 그림자' 하면 떠오르는 단어를 생각합니다. 그 단어가 얼
마나 커져 있는지를 살펴보시기 바랍니다. 그 모습을 있는 그대로 살
펴보시기 바랍니다. '내 마음의 그림자'가 있는 이곳에 아주 훈훈한
열기가 들어오는 것을 느껴보시기 바랍니다. 아주 따뜻한 공기가 들
어와서 그림자가 점점 줄어드는 것을 느껴보시기 바랍니다. 점점 줄
어들고 있습니다. 계속 줄어들다가 마침내 내 손바닥 안에 놓일 정도
가 되는 것을 그대로 지켜보시기 바랍니다. 이제 손바닥 위에 그림자
를 올려놓고 양손으로 감싸줍니다. 이 느낌을 그대로 간직한 채 마음
속으로 셋을 세고 눈을 뜹니다.

4. 2), 3)을 행하고 나서 떠오르는 느낌을 한 단어로 적고 그 이유를 적어봅시다.

5. 전체 소감을 적고 읽어주세요.

55 자중자애하는 마음 가지기

자중자애自重自愛는 스스로를 귀히 여기고 사랑하는 마음을 말합니다. 쉬운 것 같지만 가만 돌아보면 그렇지 않습니다. 날마다 나를 공격하고 업신여기고 책망하고 비웃은 적이 더 많지요. 끊임없이 나에게 화살을 쏘아대기 일쑤입니다. 멈추고 싶지만, 오랜 기간 쌓아온 버릇이 나를 부채질합니다. 자신을 소중하게 여기는 마음이 바로 치유를 위한 첫걸음입니다. 스스로를 소중히 여기는 것은 자기 자신밖에 모르는 이기심과는 다릅니다. 나를 진정 귀하게 여긴다면, 자연스럽게 나를 넘어 내 주변의 가까운 이들에게도 사랑이 전달됩니다. 빛이 주위를 환히 밝히듯이 말입니다.

누구나 자신을 사랑할 것 같지만, 실은 그렇지 않은 경우가 더 많습니다. 소중한 가족이나 친구에게 오히려 애정과 고마움을 잘 표현하지 않듯이 자기 자신에게도 그러하지요. 하지만 스스로에 대한 애정 고백은 정말 중요한 일입니다. 입으로, 말로 꺼내놓는 것은 분명한 맹세나 언약과도 같습니다. 영혼에 뚜렷이 새겨지게 되지요.

1. '나' 하면 떠오르는 느낌을 한 단어로 적고 그 이유를 적어봅시다.

2. '나는 나를 귀하게 여기고 사랑합니다'라는 문장으로 시작하는 글을 적어보시기 바랍니다. 느껴지는 대로 자유롭게 적으면 됩니다.

3. 2)를 쓰고 나서 떠오르는 느낌을 한 단어로 적고 그 이유를 적어봅 시다.

4. 전체 소감을 적고 읽어주세요.

빛을 만나기 위해서는 먼저 빛이 있다는 것을 스스로 알아차려야 합니다. 마음의 가장 깊은 곳, 정중앙에 빛이 있다는 사실을 떠올려야 합니다. 눈으로 마음을 볼 수도 없는데 그것을 어찌 아느냐고 반문할 수도 있겠습니다. 마음은 눈에 보이지 않지만, 분명 존재합니다. 그리고 마음은 신비하게도 내가 결심한 대로 따라갑니다. 내 마음에 암흑밖에 없다고 단정 지으면 어둠만이 보일 겁니다. 하지만 내 마음에 빛이 있다는 사실을 인지하고서 그 어둠을 헤집고 들어가면 탄생의 순간부터 늘 나와 함께해온 '빛'의 존재를 느끼게 될 것입니다.

빛은 우리가 태어나서 죽는 순간까지, 아니, 죽고 난 이후에도 소멸되지 않습니다. 빛을 다른 말로 '영혼'이라고 부를 수도 있겠지만, 더 정확히는 영혼의 핵심 혹은 본질이라고 말하는 것이 맞겠습니다. 이 빛은 살아가면서 무수한 일들로 가려지고 희미해집니다. 두꺼운 마음의 천이 빛을 덮어버려서 아예 처음부터 빛이 없었다고 착각하게 만들기도 하지요. 그 두꺼운 천들을 걷어낼 수 있는 유일한 사람은 바로 '나'입니다. 그 천들을 덮어씌운 것이 바로 '나'이니까요. 아무리 가까운 사람이라 해도 그 일을 대신 해줄 수는 없습니다. 그럼 어떻게 그 천을 벗겨낼 수 있을까요? 신기하게도 천을 벗기는 방법은 너무나 간단합니다. 바로 다음에서 당신은 그 천이 벗겨지는 경험을 하게 될 것입니다. 단, 팔짱을 낀 채 그냥 읽기만 해서는 효과를 볼 수 없습니다. 우리가 처음에 했던 약속을 기억해주세요. 필기구와 공책을 펴서 함께 해보는 겁니다.

* **기본 필기구 외 준비물 : 12색 색연필이나 사인펜(색이 많을수록 더 좋습니다)**

1. '내 마음의 빛' 하면 떠오르는 색깔로 공책 위에 그림을 그려주시기
   바랍니다. 동그라미, 별, 세모, 정방형 등등 무엇을 그리든 자유입니
   다. 선택한 색깔로만 나타내주시기 바랍니다.

2. 눈을 감고 허리를 반듯하게 펴서 척추를 세우고 앉습니다. 고개를 정
   면으로 향하고, 의자에 앉아 있다면 깊숙이 바른 자세로 앉습니다.
   혹시 몸이 불편하거나 허리가 아프다면 눕거나, 의자 등받이 혹은 벽
   에 기대어도 됩니다. 복식호흡을 스무 번 정도 해봅시다. 복식호흡을
   하면 숨을 들이마실 때 배가 부풀어 오르고 내쉴 때 배가 꺼집니다.
   잘되지 않으면 내쉬는 것에 집중해서 입으로 소리가 약간 날 정도로
   충분히 내쉬어보시기 바랍니다. 그러면 충분히 들이마실 수 있습니

다. 양손을 배 위에 얹고 배가 움직이는 것을 그대로 느껴보시기 바랍니다. 배가 부풀었다가 꺼졌다가 하는 것을 손으로 느껴보시기 바랍니다. 온몸을 이완해보시기 바랍니다. 호흡할수록 몸이 이완되는 것을 느껴보시기 바랍니다. 호흡은 원하는 만큼 횟수를 늘려서 더 해도 됩니다. 어느 정도 몸이 이완되면, 배에서 손을 떼고 무릎 위에 놓으시면 됩니다.

3. 충분히 이완되었으면, 다음을 떠올려보시기 바랍니다. 내 마음의 정중앙에 빛이 있습니다('내 마음의 빛'이라는 말에서 받은 느낌을 그대로 떠올려보세요). 이 빛은 내가 이 세상에 태어난 순간부터 나와 함께했으며, 내 육체가 소멸해도 없어지지 않는, 늘, 항상, 변함없이 존재하는 빛입니다. 내 마음의 정중앙에 언제나 이 빛이 존재하고 있다는 사실을 지금 받아들입니다. 이제 나는 내 안의 중심에, 내가 생명을 부여받은 때부터 존재해온 빛이 있음을 압니다. 단한 번도 사라진 적이 없으며, 어떠한 순간에도 더없이 아름답고 환하게 빛나고 있었다는 사실을 압니다. 내가 빛을 깨닫지 못할 때조차 빛은 내 안에서 빛나고 있었습니다. 살아오면서 빛은 차츰 여러 겹의 천으로 가려지고 희미해졌습니다. 세월이 흐르는 동안 내 나이만큼의 천들이 겹겹이 빛을 둘러싸고 말았습니다. 어느 날에는 내 안에 암흑밖에 없어서 더 이상 살아갈 의미가 없다는 생각까지 들기도 했습니다. 하지만 이 순간, 나는 내 안에 너무나 아름다운 광채를 발하는 빛이 존재하고 있음을 깨닫습니다. 빛을 알아차리고 빛을 가려온 여러 겹의 천을 벗겨내는 일은 오직 나만이 할 수 있다는 사실을 알아차립니다. 이제 나는 빛을 가렸던 천을 벗겨냅니다. 아무리 두꺼운 천이라도 순식간에 벗겨지는 것을 바라봅니

다. 그리고 내 마음의 한가운데 있는 빛과 만납니다. 빛은 말로 표현할 수 없는 광채를 뿜어내며 나를 바라보고 있습니다. 더없이 환하지만 전혀 눈이 부시지 않고, 오히려 자연스럽게 빛나고 있어서 나는 이 빛을 똑바로 쳐다볼 수 있습니다. 나는 이제 빛 안으로 천천히 들어가고 있습니다. 빛이 머리끝에서 발끝까지 나를 쓰다듬어주고 있습니다. 너무나 부드럽고 편안해서 나는 눈을 감고 있습니다. 감은 눈 사이로 빛이 스며들어 내 눈을 어루만져주고 있습니다. 빛이 몸속으로 속속들이 스며드는 것을 느낍니다. 빛으로 인해 내 몸마저 환하게 빛나고 있는 것을 느낍니다. 이 빛은 이 순간 내 안에 있으며, 언제나 나와 함께했으며, 앞으로도 나와 줄곧 함께하리라는 사실을 나는 지금 알고 있습니다. 이제부터 내 마음 깊숙한 곳에서, 내 마음의 한가운데에서 환하게 빛나고 있는 이 빛을 고스란히 느끼며 살아가려고 합니다.

지금, 이 느낌을 그대로 간직한 채 마음속으로 셋을 센 다음 눈을 뜨면 됩니다. 하나, 둘, 셋!

4. 3)을 하고 난 느낌과 함께 떠오른 단어를 적고 그 단어를 쓴 이유를 적어봅시다. 아무것도 떠오르지 않아도 괜찮습니다. 눈을 뜬 채 이 상황을 그대로 상상해서 적으셔도 됩니다.

5. 전체 소감을 적고 읽어주세요.

57   빛과
      대화 나누기

내 마음의 빛을 만나는 방법은 이미 경험했다시피 '자각'하는 것입니다. 빛이 있다는 사실을 스스로 알아차리는 것입니다. 어둠밖에 없다고 여겼던 마음을 살짝 내려놓고 빛의 존재를 고개를 끄덕이며 받아들이는 것입니다. 자각하면 바로 빛이 모습을 드러냅니다. 얼마나 다정하고 아름다운 빛인가요. 그동안 숱하게 망각하고 부정했지만, 빛은 그런 나를 용서하면서 실체를 보여줍니다. 다만, 내가 빛이 있다고 인정하는 순간에 말입니다. 이제 빛과 대화를 나눠볼까요? 한번 대화를 트고 나면 그다음부터는 너무나 쉽게 일상에서 빛과 대화를 나눌 수 있습니다. 그것을 '내면의 속삭임'이라고도 하지요. 내면의 속삭임에 귀를 기울일 줄 아는 사람은 결코 실패하지 않습니다. 당장 실패라고 생각되는 순간마저도 긴 세월의 흐름을 통해서 보면 최선의 길이었다는 사실을 깨닫게 되지요. 자, 그럼 본격적으로 빛과 대화를 나눠봅시다.

1. '글빛 마음빛 56'에서와 마찬가지로 '내 마음의 빛'을 떠올려보시기
   바랍니다.

2. 눈을 감고 허리를 반듯하게 펴서 척추를 세우고 앉습니다. 고개를 정
   면으로 향하고, 의자에 앉아 있다면 깊숙이 바른 자세로 앉습니다.
   혹시 몸이 불편하거나 허리가 아프다면 눕거나, 의자 등받이 혹은 벽
   에 기대어도 됩니다. 복식호흡을 스무 번 정도 해봅시다. 복식호흡을
   하면 숨을 들이마실 때 배가 부풀어 오르고 내쉴 때 배가 꺼집니다.
   잘되지 않으면 내쉬는 것에 집중해서 입으로 소리가 약간 날 정도로
   충분히 내쉬어보시기 바랍니다. 그러면 충분히 들이마실 수 있습니
   다. 양손을 배 위에 얹고 배가 움직이는 것을 그대로 느껴보시기 바
   랍니다. 배가 부풀었다가 꺼졌다가 하는 것을 손으로 느껴보시기 바
   랍니다. 온몸을 이완해보시기 바랍니다. 호흡할수록 몸이 이완되는
   것을 느껴보시기 바랍니다. 호흡은 원하는 만큼 횟수를 늘려서 더 해
   도 됩니다. 어느 정도 몸이 이완되면, 배에서 손을 떼고 무릎 위에 놓
   으시면 됩니다.

3. 충분히 이완되었으면, 다음을 떠올려보시기 바랍니다. 내 마음의 정
   중앙에 빛이 있습니다. 이 빛은 내가 세상에 태어난 순간부터 나와

함께했으며, 내 육체가 소멸해도 없어지지 않는, 늘, 항상, 변함없이 존재하는 빛입니다. 이 빛이 지금, 현재, 이 순간의 나에게 말을 걸고 있습니다. 이 빛이 뭐라고 하는지 그대로 들어보시기 바랍니다. 잠시 후, 나도 대답을 하고 있습니다. 뭐라고 답을 하는지 들어보시기 바랍니다. 빛과 나는 자연스럽게 대화를 이어가고 있습니다. 그 대화를 고스란히 들어보시기 바랍니다. 대화를 마무리한 뒤에 빛은 나를 비추고 있습니다. 그리고 빛은 내가 빛의 말에 귀를 기울일 때 언제나 나에게 얘기를 해줄 것입니다.

지금, 이 느낌을 그대로 간직한 채 마음속으로 셋을 센 다음 눈을 뜨면 됩니다. 하나, 둘, 셋!

4. 3)에서 나눈 대화를 그대로 적어보시기 바랍니다. 혹시 아무런 대화도 떠올리지 못했다면, 상상해서 적어도 됩니다. 내 마음의 빛이 있고 그 빛과 대화를 나눈다는 것을 상상해서 적어봅시다.

5. 전체 소감을 적고 읽어주세요.

58　빛을 누리기

여기까지 따라오셨다면, 당신은 대단한 일을 해내신 것입니다. 마음 다해 축하드립니다. 사실 앞으로도 축하할 일이 가득합니다. 이제 빛을 만나서 대화를 나눴으니, 제대로 빛을 누려야겠지요. 빛을 누리는 것은 일종의 특권을 받은 것입니다. 마음의 여행지에서 가장 멋진 것을 경험할 수 있는 기회를 얻은 것이지요.

1. '내 마음의 빛' 하면 떠오르는 단어를 선택해 적고, 그 이유를 적어봅시다.

2. '내 마음에는 빛이 존재합니다. 단 한 번도 꺼지지 않고 늘 빛나는 빛입니다'라는 문장으로 시작하는 글을 적습니다. 느껴지는 대로 자유롭게 적으면 됩니다.

3. 2)를 하고 나서 떠오르는 느낌을 한 단어로 적고 그 이유를 적어봅시다.

4. 전체 소감을 적고 읽어주세요.

59 빛 안에서
쉬기

이제 당신은 빛 안에서 편히 쉴 수 있습니다. 따스하고 환한 빛으로 가득한 이곳은 당신이 태어나기 전부터 존재했고, 살아가는 동안 변함없이 존재할 것이며, 당신이 이 땅에 없을 때조차 존재할 것입니다. 나 이전에도 있었고, 나 이후에도 있는 존재입니다. 살아서 움직이는 존재입니다. 이 안에서 충분히 휴식을 취하기를 바랍니다.

1. 눈을 감고 '내 마음의 빛'을 떠올려보시기 바랍니다.

2. '내 마음의 빛' 안에서 나는 가장 편안한 자세로 쉬고 있습니다. 몸과
마음을 충분히 쉬어보시기 바랍니다. 내 마음의 빛을 고스란히, 깊이
느껴보시기 바랍니다. 숨을 깊이 들이마시고 내쉬어보시기 바랍니
다. 원하는 만큼, 마음이 움직이는 만큼 머물러보시기 바랍니다. 충
분히 쉬었다고 느끼면 속으로 천천히 셋을 세고 눈을 뜨시면 됩니다.
하나, 둘, 셋!

3. 1), 2)를 하고 나서 떠오른 느낌을 한 단어로 적고 그 이유를 적어봅
시다. 아무것도 떠오르지 않아도 괜찮습니다. 눈을 뜬 채 이 상황을
그대로 상상해서 적어보셔도 됩니다.

4. 전체 소감을 적고 읽어주세요.

60   빛 안에서
         놀기

빛 안에서 충분히 휴식을 취했으니 이제 마음껏 놀아볼까요? 머리를 내려놓고 가슴이 뛰게 하는 겁니다. 신나고 재미있게 마음 가는 대로 즐기시기 바랍니다.

1. 눈을 감고 허리를 반듯하게 펴서 척추를 세우고 앉습니다. 고개를 정면으로 향하고, 의자에 앉아 있다면 깊숙이 바른 자세로 앉습니다. 혹시 몸이 불편하거나 허리가 아프다면 눕거나, 의자 등받이 혹은 벽에 기대어도 됩니다. 복식호흡을 스무 번 정도 해봅시다. 복식호흡을 하면 숨을 들이마실 때 배가 부풀어 오르고 내쉴 때 배가 꺼집니다. 잘되지 않으면 내쉬는 것에 집중해서 입으로 소리가 약간 날 정도로 충분히 내쉬어보시기 바랍니다. 그러면 충분히 들이마실 수 있습니다. 양손을 배 위에 얹고 배가 움직이는 것을 그대로 느껴보시기 바랍니다. 배가 부풀었다가 꺼졌다가 하는 것을 손으로 느껴보시기 바랍니다. 온몸을 이완해보시기 바랍니다. 호흡할수록 몸이 이완되는 것을 느껴보시기 바랍니다. 호흡은 원하는 만큼 횟수를 늘려서 더 해도 됩니다. 어느 정도 몸이 이완되면, 배에서 손을 떼고 무릎 위에 놓으시면 됩니다.

2. 내 마음의 빛을 고스란히, 깊이 느껴보시기 바랍니다. 나는 지금 빛 안에서 놀고 있습니다. 나는 지금 신나게 놀고 있습니다. 내가 무엇을 하면서 놀고 있는지 지켜보시기 바랍니다. 나는 에너지가 넘치고, 즐겁습니다. 그런 나를 고스란히 지켜보시기 바랍니다. 자, 이 느낌을 그대로 간직한 채 속으로 천천히 셋을 세고 눈을 뜨시면 됩니다. 하나, 둘, 셋!

3. 1), 2)를 하고 나서 떠오른 느낌을 한 단어로 적고 그 이유를 적어봅시다. 아무것도 떠오르지 않아도 괜찮습니다. 눈을 뜬 채 이 상황을 그대로 상상해서 적어보셔도 됩니다.

4. 전체 소감을 적고 읽어주세요.

61   빛 드리우기

빛을 드리우는 것은 내가 충분히 누리고 쉰 다음에야 할 수 있는 일입니다. 당신과 저는 이미 그 과정을 마쳤지요. 그렇다면 이제 빛을 드리울 차례입니다. 내 안에 가득한 빛을 주변에 드리우는 것은 너무나 당연한 일인지도 모릅니다. 차면 넘치는 것과 같지요. 그리고 우리는 밝디밝은 빛으로 가득 차 있습니다. 그럼 제대로 빛을 드리워볼까요?

1. 눈을 감고 허리를 반듯하게 펴서 척추를 세우고 앉습니다. 고개를 정
   면으로 향하고, 의자에 앉아 있다면 깊숙이 바른 자세로 앉습니다.
   혹시 몸이 불편하거나 허리가 아프다면 눕거나, 의자 등받이 혹은 벽
   에 기대어도 됩니다. 복식호흡을 스무 번 정도 해봅시다. 복식호흡을
   하면 숨을 들이마실 때 배가 부풀어 오르고 내쉴 때 배가 꺼집니다.
   잘되지 않으면 내쉬는 것에 집중해서 입으로 소리가 약간 날 정도로
   충분히 내쉬어보시기 바랍니다. 그러면 충분히 들이마실 수 있습니
   다. 양손을 배 위에 얹고 배가 움직이는 것을 그대로 느껴보시기 바
   랍니다. 배가 부풀었다가 꺼졌다가 하는 것을 손으로 느껴보시기 바
   랍니다. 온몸을 이완해보시기 바랍니다. 호흡할수록 몸이 이완되는
   것을 느껴보시기 바랍니다. 호흡은 원하는 만큼 횟수를 늘려서 더 해
   도 됩니다. 어느 정도 몸이 이완되면, 배에서 손을 떼고 무릎 위에 놓
   으시면 됩니다.

2. 내 마음의 빛을 고스란히, 깊이 느껴보시기 바랍니다. 나는 이 빛 안
   으로 누군가를 초대하려고 합니다. 누구를 초대하고 싶은지가 문득
   떠오릅니다. 이 세상에 있는 사람이어도 되고, 이 세상에 없는 사람
   이어도 됩니다. 내가 떠올린 사람, 내가 초대하기를 원하는 사람은
   얼마든지 빛 안에 올 수 있습니다. 나는 그 사람을 초대하려고 합니
   다. 잠시 후 마음속으로 셋을 세면 그 사람이 초대에 응해서 빛 안으

로 들어옵니다. 하나, 둘, 셋. 네, 좋습니다. 빛 안으로 들어왔습니다. 나는 그 사람과 대화를 나눕니다. 자연스럽게 대화를 나누고 끝난 다음에는 작별 인사를 나누어보시기 바랍니다. 그 사람은 사라지고, 나는 다시 마음속으로 셋을 세면서 지금, 이 느낌을 간직한 채 눈을 뜹니다. 하나, 둘, 셋!

3. 1), 2)를 하고 나서 내가 초대한 사람과 나눈 대화를 적고, 어떤 느낌인지도 적어보시기 바랍니다. 아무것도 떠오르지 않아도 괜찮습니다. 눈을 뜬 채 이 상황을 그대로 상상해서 적어보셔도 됩니다.

4. 전체 소감을 적고 읽어주세요.

62   빛을 품다

나는 이미 깊숙한 곳에 빛을 품고 있습니다. 아니, 빛이
당신을 품고 있다고 해야 옳을까요? 사실, 나는 빛이고 빛은
나입니다. 그것을 이제야 깨달았을 뿐입니다. 이제 빛을 품는
이야기를 함께 해보려고 합니다.

1. 눈을 감고 허리를 반듯하게 펴서 척추를 세우고 앉습니다. 고개를 정
면으로 향하고, 의자에 앉아 있다면 깊숙이 바른 자세로 앉습니다.
혹시 몸이 불편하거나 허리가 아프다면 눕거나, 의자 등받이 혹은 벽
에 기대어도 됩니다. 복식호흡을 스무 번 정도 해봅시다. 복식호흡을
하면 숨을 들이마실 때 배가 부풀어 오르고 내쉴 때 배가 꺼집니다.
잘되지 않으면 내쉬는 것에 집중해서 입으로 소리가 약간 날 정도로
충분히 내쉬어보시기 바랍니다. 그러면 충분히 들이마실 수 있습니
다. 양손을 배 위에 얹고 배가 움직이는 것을 그대로 느껴보시기 바
랍니다. 배가 부풀었다가 꺼졌다가 하는 것을 손으로 느껴보시기 바
랍니다. 온몸을 이완해보시기 바랍니다. 호흡할수록 몸이 이완되는
것을 느껴보시기 바랍니다. 호흡은 원하는 만큼 횟수를 늘려서 더 해
도 됩니다. 어느 정도 몸이 이완되면, 배에서 손을 떼고 무릎 위에 놓
으시면 됩니다.

2. 내 마음의 빛을 고스란히, 깊이 느껴보시기 바랍니다. 나는 이 빛 안
으로 과거의 나를 초대하려고 합니다. 언제의 나를 초대하고 싶은지
가 문득 떠오릅니다. 언제의 나인지, 무엇을 할 때의 나인지 떠올려
봅니다. 빛 안에는 내가 떠올린 순간, 내가 초대하기를 원하는 과거
의 나 자신이 얼마든지 올 수 있습니다. 나는 지금 과거의 나를 초대
하려고 합니다. 잠시 후 마음속으로 셋을 세면 과거의 내가 빛 안으

로 들어옵니다. 하나, 둘, 셋. 네, 좋습니다. 과거의 내가 빛 안으로 들어왔습니다. 나는 과거의 나와 대화를 나눕니다. 자연스럽게 대화를 나누고 끝난 다음에는 작별 인사를 나누어보시기 바랍니다. 과거의 나는 사라지고, 나는 다시 마음속으로 셋을 세면서 지금, 이 느낌을 간직한 채 눈을 뜹니다. 하나, 둘, 셋!

3. 1), 2)를 하고 나서 과거의 나와 나눈 대화를 적고, 어떤 느낌인지도 적어보시기 바랍니다. 아무것도 떠오르지 않아도 괜찮습니다. 눈을 뜬 채 이 상황을 그대로 상상해서 적어보셔도 됩니다.

4. 전체 소감을 적고 읽어주세요.

63 빛 따라
    마음 따라

빛을 만나고, 누리고, 쉬고, 놀고, 드리우고, 품었습니다.
이제 내 마음은 빛을 따라가려고 합니다. 빛을 따라가는 것은
마음이 시키는 대로, 혹은 영혼이 가리키는 대로 행동하는 것
을 말합니다. 나 자신을 믿고, 내가 지닌 빛을 무한히 신뢰하
면서 빛을 따라 들어가볼까요?

1. 눈을 감고 허리를 반듯하게 펴서 척추를 세우고 앉습니다. 고개를 정면으로 향하고, 의자에 앉아 있다면 깊숙이 바른 자세로 앉습니다. 혹시 몸이 불편하거나 허리가 아프다면 눕거나, 의자 등받이 혹은 벽에 기대어도 됩니다. 복식호흡을 스무 번 정도 해봅시다. 복식호흡을 하면 숨을 들이마실 때 배가 부풀어 오르고 내쉴 때 배가 꺼집니다. 잘되지 않으면 내쉬는 것에 집중해서 입으로 소리가 약간 날 정도로 충분히 내쉬어보시기 바랍니다. 그러면 충분히 들이마실 수 있습니다. 양손을 배 위에 얹고 배가 움직이는 것을 그대로 느껴보시기 바랍니다. 배가 부풀었다가 꺼졌다가 하는 것을 손으로 느껴보시기 바랍니다. 온몸을 이완해보시기 바랍니다. 호흡할수록 몸이 이완되는 것을 느껴보시기 바랍니다. 호흡은 원하는 만큼 횟수를 늘려서 더 해도 됩니다. 어느 정도 몸이 이완되면, 배에서 손을 떼고 무릎 위에 놓으시면 됩니다.

2. 내 마음의 빛을 고스란히, 깊이 느껴보시기 바랍니다. 나는 이 빛 안으로 미래의 나를 초대하려고 합니다. 언제의 나인지, 무엇을 할 때의 나인지 떠올려봅니다. 빛 안에는 내가 떠올린 순간, 내가 초대하기를 원하는 미래의 나 자신이 얼마든지 올 수 있습니다. 나는 지금 미래의 나를 초대하려고 합니다. 잠시 후 마음속으로 셋을 세면 미래의 내가 빛 안으로 들어옵니다. 하나, 둘, 셋. 네, 좋습니다. 미래의

내가 빛 안으로 들어왔습니다. 나는 미래의 나와 대화를 나눕니다. 자연스럽게 대화를 나누고 끝난 다음에는 작별 인사를 나누어보시기 바랍니다. 그다음, 마음속으로 셋을 세면서 지금, 이 느낌을 간직한 채 눈을 뜹니다. 하나, 둘, 셋!

3. 1), 2)를 하고 나서 미래의 나와 나눈 대화를 적고, 어떤 느낌인지도 적어보시기 바랍니다. 아무것도 떠오르지 않아도 괜찮습니다. 눈을 뜬 채 이 상황을 그대로 상상해서 적어보셔도 됩니다.

4. 전체 소감을 적고 읽어주세요.

5
부

마음의 빛 퍼뜨리기

빛의 향유

– ◆ –

여기까지 오시느라 수고하셨습니다. 우리는 지금까지 함께 마음 여행을 해 왔습니다. 마음을 잇고, 내면으로 들어가고, 더 깊은 내면으로 들어갔지요. 그 안에서 마음의 빛을 만났습니다. 빛을 만나서 누리고 드리우는 과정도 경험했습니다. 이제, 이 빛이 마음껏 퍼져나가는 것을 고스란히 느낄 차례 입니다. 마음의 빛이 확산되는 것을 지켜보는 것은 신비하고 진귀한 일입니다. 빛이 할 수 있는 일을 마음으로 직접 체험하면서 놀라운 변화를 느낄 수 도 있습니다. 우리의 여행은 이제 막바지에 이르렀지만, 빛 안에서 다시 새롭게 시작할 수 있다는 것도 깨닫게 될 것입니다. 자, 함께 이 놀라운 체험을 해보실까요?

64 어린 시절을
   위해서

어린 시절에 관한 추억은 저마다 다를 테지요. 즐겁고 기쁜 추억이 많은 사람도 있을 테고, 슬프고 힘들었던 기억뿐인 사람도 있을 것입니다. 하지만 누구나 살아가다 보면 한 번쯤은 아프고 외로울 때가 있기 마련이지요. 그 아픔들은 시간이 흐르면서 묻히고 희미해져 흔적도 없이 사라졌다고 여겨지기도 합니다. 실은 그저 수면 아래에 가라앉아 있을 뿐 결코 없어지지 않는데 말이지요. 거센 폭풍우가 몰아치면 바닥에 가라앉아 있던 기억이 수면 위로 불쑥 튀어나옵니다. 그리고 다듬어지지 않은 기억들은 날카롭게 마음을 찌르고 후벼 팝니다. 그러므로 그 기억을 잘 가다듬을 필요가 있습니다. 불현듯 기억이 떠오른다고 해도 아프지 않게 말이지요. 일부러 피하거나 거부하지 않아도 고개를 끄덕이면서 흘려보낼 수 있게 말이지요.

1. 눈을 감고 허리를 반듯하게 펴서 척추를 세우고 앉습니다. 고개를 정면으로 향하고, 의자에 앉아 있다면 깊숙이 바른 자세로 앉습니다. 혹시 몸이 불편하거나 허리가 아프다면 눕거나, 의자 등받이 혹은 벽에 기대어도 됩니다. 복식호흡을 스무 번 정도 해봅시다. 복식호흡을 하면 숨을 들이마실 때 배가 부풀어 오르고 내쉴 때 배가 꺼집니다. 잘되지 않으면 내쉬는 것에 집중해서 입으로 소리가 약간 날 정도로 충분히 내쉬어보시기 바랍니다. 그러면 충분히 들이마실 수 있습니다. 양손을 배 위에 얹고 배가 움직이는 것을 그대로 느껴보시기 바랍니다. 배가 부풀었다가 꺼졌다가 하는 것을 손으로 느껴보시기 바랍니다. 온몸을 이완해보시기 바랍니다. 호흡할수록 몸이 이완되는 것을 느껴보시기 바랍니다. 호흡은 원하는 만큼 횟수를 늘려서 더 해도 됩니다. 어느 정도 몸이 이완되면, 배에서 손을 떼고 무릎 위에 놓으시면 됩니다.

2. 충분히 이완되었으면 '나만의 새' 이름을 부릅니다. 세 번 부르면, 나만의 새가 또렷하게 내 앞에 나타날 겁니다. '상처'를 입었던 때로 보내보시기 바랍니다. 마음속으로 하나, 둘, 셋! 하고 세면 어린 시절의 어느 순간으로 날아갑니다. 그 속에서 어린 시절의 나를 찾아보세요. '나만의 새'가 과거의 나에게 다가가 위로와 격려의 말을 건네며 안아주고 품어주는 것을 그대로 느껴보시기 바랍니다. 나만의 새와 함

께 대화를 나눠보시기 바랍니다. 그러고 나서 천천히 지금, 현재, 이 순간으로 돌아오면 됩니다. 돌아올 때는 다시 하나, 둘, 셋, 하고 센 다음 눈을 뜨면 됩니다. 그러면 자연스럽게 '나만의 새'는 내 마음 안으로 날아가게 됩니다. 나만의 새는 언제, 어디서나 내 마음속에서 나와 함께합니다. 내가 이름을 부르면, 곁으로 날아와 나에게 위로와 격려를 건넵니다. 이제, 나만의 새를 내 마음속으로 날아가게 해보시기 바랍니다.

3. 2)에서 어린 시절의 나와 나눈 대화를 적고, 어떤 느낌인지도 적어보시기 바랍니다. 아무것도 떠오르지 않아도 괜찮습니다. 눈을 뜬 채 이 상황을 그대로 상상해서 적어보셔도 됩니다.

4. 전체 소감을 적고 읽어주세요.

65 가슴 아픈
누군가를 위해서

세상이 차갑고 냉혹하게 느껴질 때가 있습니다. 하지만 세상은 우리 생각보다 훨씬 따뜻하고 아름답습니다. 모든 것이 절대적으로 긍정적이진 않지만, 그렇다고 부정으로 점철되어 있는 것도 아닙니다. 이 세상은 혼자서 살아가는 곳이 아니라, 다른 많은 이들과 함께하는 곳이지요. 조금만 둘러보면, 아픈 가슴을 안고 있는 누군가를 발견할 수 있습니다. 조금만 관심을 기울이면 그 사람의 눈물과 한숨, 아픈 사연들을 느끼고 이해할 수 있을 것입니다. 이제 그 사람을 품어보려고 합니다. 자, 함께 해보실까요? 당신의 마음 깊숙이 존재하는 선한 마음을 꺼내볼 시간입니다.

1. '가슴 아픈 사람' 하면 떠오르는 이에 대해 한 단어로 써보고 그 이유
를 적어보시기 바랍니다.

2. 1)에서 떠오른 사람에게 편지를 써보시기 바랍니다. 자연스럽게 위
로와 격려의 내용을 써보시기 바랍니다.

3. 2)에서 쓴 편지를 소리 내어 읽어보시기 바랍니다. 읽을 때, 상대방
이 직접 읽는다고 상상하며 읽어보시기 바랍니다.

4. 편지를 읽은 상대방의 마음을 상상해보고, 공책 뒷장(반드시 그다음
장이어야 합니다)에 상대방의 답장을 적어보시기 바랍니다.

5. 4)에서 쓴 답장을 소리 내어 읽어보시기 바랍니다. 느낀 점을 한 단어로 나타내고, 그 이유를 적어보시기 바랍니다.

6. 전체 소감을 적고 읽어주세요.

66 용서를 구합니다

'용서' 하면 어떤 감정이 떠오르시나요? 혹시 무턱대고 화가 나지는 않나요? 만약 '용서'라는 말에 부정적인 감정이 든다면, 용서가 간절하게 필요한 때입니다. 내면의 무의식이 알려주는 신호이지요. 만약 '용서'를 떠올렸을 때 뿌듯한 감정이 든다면, 당신은 '용서의 힘'을 이미 강하게 체득한 것입니다. 당신이 어느 쪽이건 여기서 우리는 '용서'를 구하려고 합니다. '용서'는 큰 잘못을 저질렀을 때만 구하는 것이 아닙니다. 일상 속에서 작은 갈등이나 문제 상황을 해결하는 데도 필요하지요. 이왕이면 그동안 입이 떨어지지 않아 해결하지 못한 일, 간절히 용서받고 싶은 과거를 떠올리면서 마음속으로 상대에게 용서를 구해보시기 바랍니다. 큰 잘못에 대해 용서를 빌고 나면, 작은 일은 더욱 쉽게 할 수 있을 테니까요.

어느 저녁 한 사람이 뭔가 특별한 일을 하려고 합니다. 대야에 물을 떠 놓고 누군가의 발을 씻겨주려고 합니다. 그러면서 오랫동안 품어왔던 말을 마침내 고백하려고 합니다. 용서를 바라는 간절한 마음을 마침내 용기 내어 상대에게 전하려 하지요. 그런데 그날 저녁 그 사람은 그렇게 하지 못했습니다. 다른 날 해도 되지 않느냐고, 오늘만 날이냐고 생각했 지요. 그런데 그 저녁은 두 번 오지 않습니다. 다시 결심을 하지 못했을 수도 있고, 어쩌면 용서를 구할 대상과 다시 마주할 수 없는 상황이 생 겼을지도 모릅니다. 그는 한순간의 선택으로 용서받을 기회를 잃어버렸 다는 회한을 가슴 저미게 간직하고 있습니다.

1. 다음의 시를 직접 낭송해보시기 바랍니다.

그 저녁은 두 번 오지 않는다

이면우

무언가 용서를 청해야 할 저녁이 있다
맑은 물 한 대야 그 발밑에 놓아
무릎 꿇고 누군가의 발을 씻겨줘야 할 저녁이 있다
흰 발과 떨리는 손의 물살 울림에 실어
나지막이, 무언가 고백해야 할 어떤 저녁이 있다
그러나 그 저녁이 다 가도록

나는 첫 한 마디를 시작하지 못했다 누군가의
발을 차고 맑은 물로 씻어주지 못했다.

2. 공책에 이 시의 느낌을 한 단어로 포착해서 적어보시기 바랍니다.

3. 2)와 같이 쓴 이유를 한 줄 이상 적어보시기 바랍니다.

4. 이 시는 용서를 구하지 못했던 그날 저녁에 대해 이야기하고 있습니다. 이제 우리는 용서를 구하리라 결심하고 그것을 행동에 옮기려고 합니다. 그렇게 할 수 있도록 스스로에게 용기를 주시기 바랍니다.

5. '용서해주시기 바랍니다'라는 문장으로 시작하는 글을 써보시기 바랍니다. 대상이 가까이 있는 사람이건, 이미 세상을 떠난 사람이건 상관없습니다. 단, 한 사람을 정해 진정한 마음으로 용서를 구해야 합니다.

6. 5)에서 쓸 글을 소리 내어 읽어보시기 바랍니다. 읽을 때, 상대방이 직접 읽는다고 상상하며 읽어보시기 바랍니다.

7. 용서를 구하는 글을 읽은 상대방의 마음을 상상해보고, 공책 뒷장(반드시 그다음 장이어야 합니다)에 상대방의 답장을 적어보시기 바랍니다.

8. 7)에서 쓴 답장을 소리 내어 읽어보시기 바랍니다. 느낀 점을 한 단어로 나타내고, 그 이유를 적어보시기 바랍니다.

9. 전체 소감을 적고 읽어주세요.

67   용서해드립니다

'용서'라는 말을 들었을 때 내게 용서를 구해야 할 사람이 먼저 떠오른다면, 그로 인해 생긴 상처들이 내 마음에 가득하기 때문입니다. 그런 상처는 가만히 내버려두기만 해서는 좀처럼 극복할 수 없습니다. 하지만 당신은 이 책을 펼쳐 들었으니 이미 용기를 내어 화해와 치유를 향한 첫걸음을 내디딘 셈입니다. 누군가를 용서한다는 것은 거창하고 어려운 일이 아닙니다. 그저 상대가 인간임을 솔직하게 인정하고 이해하는 것입니다. 인간은 불완전하고 모순으로 가득한 존재이므로, 누구나 실수할 수 있습니다. 또한 인간이기에 그런 부족함을 이겨낼 수 있습니다. 누군가를 용서하는 것은 내가 앞으로 저지를 실수들에 대해 미리 용서를 구하는 것과 같습니다. 나는 절대로 잘못을 저지르지 않을 거라는 생각은 교만입니다. 세상일은 장담할 수 없는 법이지요. 또한 선한 마음을 베푸는 것은 결코 손해 보는 일이 아닙니다. 오히려 긍정의 에너지를 얻는 일이지요. 용서의 힘을 제대로 아는 이는 그만큼 내적으로 성숙해집니다. 아름다운 내면을 가지게 되는 것이지요. 그럼, 빛나는 자신을 위해 '용서'라는 기적의 카드를 써보실까요?

1. '용서를 해줄 대상' 하면 떠오르는 이에 대해 한 단어로 써보고, 그 이유를 적어보시기 바랍니다.

2. 1)의 대상에게 '용서해드립니다'라는 말로 시작하는 편지를 적어보시기 바랍니다. 분량은 자유입니다.

3. 2)의 편지를 소리 내어 읽어보시기 바랍니다. 읽을 때, 상대방이 읽고 있다고 상상하면서 읽어주시기 바랍니다.

4. 2)의 편지를 읽은 상대방의 마음을 상상해보고, 공책 뒷장(반드시 그 다음 장이어야 합니다)에 상대방의 답장을 분량에 구애받지 말고 적어보시기 바랍니다.

5. 4)에서 쓴 답장을 소리 내어 읽어보시기 바랍니다.

6. 지금, 현재, 내 느낌을 솔직하게 적어주시기 바랍니다.

7. 전체 소감을 적고 읽어주세요.

68   감사의 노래

감사는 세상이 내 뜻대로 되건 아니건 일어나는 마음입니다. 감사는 내 마음대로 하지 못한다는 사실을 인정하는 것입니다. 그저 수용하고 이해하는 것을 말하지요. 감사는 나를 낮출 때 일어납니다. 또한, 감사는 사랑의 다른 표현입니다. 감사는 만물을 태어나게 하고 성장하게 하며, 삶과 죽음이 어우러지게 합니다. 감사는 내가 신을 믿건 믿지 않건 간에 신을 인정하는 것을 말합니다. 감사는 삶의 의미를 환히 밝히게 합니다. 그리고 감사는 선택입니다. 온갖 일들이 일어났을 때, 다음의 행로가 열리도록 핵심 작용을 하는 것이 바로 감사입니다. 그러므로 고난이 닥쳐왔다고 하더라도 감사해야 합니다. 아니, 고난이 닥쳐올수록 더욱 감사해야 합니다. 고난에도 감사할 수 있을 때 긍정 에너지가 흘러 들어오게 되어 결국 축복으로 이어지기 때문입니다.

1. '감사를 드리고 싶은 대상' 하면 떠오르는 것을 한 단어로 나타내고, 그 이유를 적어보시기 바랍니다. 단, 그 대상은 사람이어야 합니다.

2. 1)에서 떠올린 감사의 대상에게 편지를 써보시기 바랍니다.

3. 2)의 편지를 소리 내어 읽어보시기 바랍니다. 읽을 때, 상대방이 직접 읽고 있다고 상상하면서 읽어주시기 바랍니다.

4. 2)의 편지를 읽은 상대방의 마음을 상상해보고, 공책 뒷장(반드시 그 다음 장이어야 합니다)에 상대방의 답장을 분량에 구애받지 말고 적어보시기 바랍니다.

5. 4)에서 쓴 답장을 소리 내어 읽어보시기 바랍니다.

6. 지금, 현재, 내 느낌을 솔직하게 적어주시기 바랍니다.

7. 전체 소감을 적고 읽어주세요.

69 사랑의
속삭임

사랑의 속삭임은 참으로 달콤합니다. 그 비밀스럽고 아름다운 말을 누군가와 나눌 수 있다면 행복하겠지요. 하지만 지금 이 순간에는 그 말을 다른 이가 아닌, 바로 나에게 하려고 합니다. 나 스스로에게 사랑한다고 고백하고 그 느낌을 충분히 느껴보시길 권합니다. 어색하고 이상하게 느껴질 수도 있지만 충분히 가치 있는 일일뿐더러 꼭 필요한 일이기도 합니다. 이 세상에서 유일한 존재인 '나'에게, 녹록하지 않은 세상살이를 해내고 있는 나에게 사랑을 고백하지 않는다면 도대체 누구한테 사랑을 속삭일 수 있을까요? 나를 귀히 여기지 않는 사람이 진정으로 타인을 소중하게 여길 수 있을까요? 용기를 가지고 자신에게 고백해보시기 바랍니다. 이는 그저 스쳐 지나가는 일이 아니라 영혼 깊이 아름답게 새겨지는 멋진 경험이 될 것입니다. 바로, 나와 내가 빛나는 추억을 자아내는 것이지요.

1. 눈을 감고서 나를 안아주듯 두 팔을 교차해 가슴에 갖다 댑니다. "사랑해, ○○야. 사랑해, ○○야. 사랑해, ○○야" 하고 내 이름을 넣어서 세 번 말해주시기 바랍니다. 가슴을 토닥거리지 말고, 그냥 가슴에 손을 댄 채 말한 다음 조용히 내 마음을 느껴보시기 바랍니다. 원하는 만큼 그렇게 머무르시기 바랍니다. 충분히 했다면 눈을 뜨시면 됩니다.

2. 1)을 한 느낌을 한 단어로 포착해서 적고, 그 단어를 쓴 이유를 적어보시기 바랍니다.

3. '사랑해, ○○야'라는 문장으로 시작하는 글을 적어보시기 바랍니다. 분량은 자유입니다.

4. 3)에서 쓴 글을 소리 내어 읽어보시기 바랍니다.

5. 전체 소감을 적고 읽어주세요.

원래의 나를
만나다

'원래의 나'는 어떤 '나'일까요? 본래면목^{本來面目}이라는 말이 있습니다. 사람이 본래부터 지니고 있는 순수한 심성을 말하지요. 본래면목은 육체의 생사가 있는 임시면목^{臨時面目}과 달리 생멸이 없습니다. 고락과 선악이 일어나기 전의 진심을 말하며, 본래면목의 모습을 찾는 것이 일생일대의 공부라고 합니다. 본래 마음에는 없는 여러 마음들, 탐욕, 고민, 시기심, 갈등, 고통, 실망, 수치심과 낙담, 좌절, 실의 등등은 본래면목에 두껍게 드리워진 천들입니다. 이 천들 때문에 본래의 마음이 보이지 않게 되거나 애초에 존재하지 않는다고 여기게 되지요. 두꺼운 천을 친 사람은 다름 아닌 나 자신입니다. 갈등과 회한의 상황에서 덮어두었던 무수한 순간들이 본래의 마음을 가려버렸습니다. 이제 원래의 나를 기억할 시간입니다. 우리는 이미 '빛'을 만났지요. 그 생명의 빛, 마음의 빛, 내면의 빛이 바로 '나'입니다. 나는 영혼의 중심에 고유한 빛깔을 지닌 채 살아가고 있습니다.

글빛
마음빛
─●─●─●─●─ 70

1. 눈을 감고 '내 마음의 빛'을 떠올려보시기 바랍니다. '내 마음의 빛'에서 나는 가장 편안한 자세로 쉬고 있습니다. 몸과 마음을 충분히 쉬어보시기 바랍니다. 내 마음의 빛을 고스란히, 깊이 느껴보시기 바랍니다. 숨을 깊이 들이마시고 내쉬어보시기 바랍니다. 원하는 만큼, 마음이 움직이는 만큼 머물러보시기 바랍니다. 내 마음의 빛을 그대로 떠올리면서, 이 빛이 '원래의 나'라는 사실을 느껴보시기 바랍니다. '이 빛이 나'라고 속으로 말해보시기 바랍니다. 그런 뒤, 천천히 셋을 세고 눈을 뜨시면 됩니다. 하나, 둘, 셋!

2. '내 마음의 빛은 곧 나입니다. 나는 빛입니다'라는 문장으로 시작하는 글을 적어보시기 바랍니다. 분량은 자유입니다.

3. '내 마음의 빛'이 지금, 현재, 나에게 전하는 메시지를 적어주시기 바랍니다. 편지 형식으로 내 이름을 부르면서 시작하면 됩니다. 분량은 자유입니다.

4. 3)에서 쓴 글을 소리 내어 읽어보시기 바랍니다.

5. 전체 소감을 적고 읽어주세요.

71 달빛 아래
마음을 씻고

둥글고 환한 보름달을 떠올려보시기 바랍니다. 아름다운 달빛 아래에 쪼그리고 앉아 있습니다. '마음의 빛'을 가리던 것들을 훌훌 걷어내고 씻어버리려 합니다. 억지로 애쓸 필요는 없습니다. 다만, 내가 마음의 빛을 가려왔음을 알아차리고, 걷어내겠다고 결심하면 신기하게도 그렇게 되지요. 한 번 벗겨냈다고 본래의 마음을 뒤덮고 있던 어두운 마음이 다시 드리워지지 않으리라는 보장은 물론 없습니다. 익숙해진 습관처럼, 다시 그런 마음이 찾아올 수도 있지요. 하지만 내가 마음의 빛을 가리고 있다는 사실을 알아차리지도 못했던 순간과는 확연하게 다를 것입니다. 마음의 천을 자주 벗겨내고 깨끗이 씻어내다 보면, 그 또한 습관처럼 이뤄집니다. 본래의 마음, 마음의 빛을 자주 느낄 수 있게 됩니다. 마음의 빛을 느끼는 것은 천국을 느끼는 것과도 같습니다. 천국은 멀리 있는 것 같지만 그렇지 않습니다. 바로 여기에서, 내 마음으로 느낄 수도 있지요. 그럼 함께 마음의 빛을 씻어볼까요?

1. 다음의 시를 직접 낭송해보시기 바랍니다.

월광욕

이문재

달빛에 마음을 내다 널고
쪼그려 앉아
마음에다 하나씩
이름을 짓는다

도둑이야!

낯선 제 이름 들은 그놈들
서로 화들짝 놀라
도망간다

마음 달아난 몸
환한 달빛에 씻는다

이제 가난하게 살 수 있겠다

2. 공책에 이 시의 느낌을 한 단어로 포착해서 적어보시기 바랍니다.

3. 2)와 같이 쓴 이유를 한 줄 이상 적어보시기 바랍니다.

4. 이 시에서 특히 인상적인 구절을 공책에 옮겨 쓰고, 그 이유를 적어봅시다.

5. '원래의 마음을 도둑질해 갔던 마음'이라는 구절에서 떠오르는 것을 한 가지 이상 적어보시기 바랍니다. 예를 들면, 시기, 질투, 불안, 좌절 등등입니다.

6. 5)의 아래에 '이제 이 도둑 마음을 환한 달빛에 벗어던집니다'로 시작하는 글을 적어주시기 바랍니다.

7. 6)에서 쓴 글을 소리 내어 읽어보시기 바랍니다. 어떤 느낌이 드는지 한 단어로 나타내고 그 이유를 적어주시기 바랍니다.

8. 전체 소감을 적고 읽어주세요.

72 누군가를 위해
기도하며

내 마음이 뒤죽박죽 복잡하게 엉켜 있을 때, 다른 누군가를 위해 기도하기란 쉬운 일이 아닙니다. 하지만 마음이 잠잠하게 가라앉고 나면, 머릿속에 떠오르는 누군가가 한 명쯤은 있기 마련이지요. 힘들고 여력이 없다는 이유로 제대로 챙겨주지 못해서, 때로는 차갑게 대해서 미안한 마음이 들기도 합니다. 죄책감으로 스스로에게 화살을 쏘기도 합니다. 죄책감은 아무런 도움이 되지 못합니다. 영혼의 에너지를 파괴하는 일등 공신이 바로 '죄책감'이지요. 그렇지만 성찰은 큰 도움이 됩니다. 마음의 거울에 스스로를 비춰보고 얼룩진 마음을 닦아내는 작업이 바로 성찰이지요. 지금은 시끄럽기 그지없던 마음을 내려놓고 누군가를 떠올려보려고 합니다. 마음의 문을 활짝 열면, 누군가를 위해 기도하는 마음이 저절로 솟아날 겁니다.

1. '기도' 하면 떠오르는 느낌을 한 단어로 포착해서 적고, 그 이유를 적
어봅시다.

2. '기도하고 싶은 사람' 하면 떠오르는 대상을 한 단어로 포착해서 적
고, 그 이유를 적어봅시다.

3. 2)의 대상을 떠올리며, '○○를 위해서 기도드립니다'라는 문장으로
시작하는 글을 적어보시기 바랍니다. 분량은 자유입니다.

4. 3)에서 쓴 글을 소리 내어 읽어봅니다.

5. 4)를 하고 난 느낌을 글로 적어봅시다.

6. 전체 소감을 적고 읽어주세요.

비로소
알 수 있는 것

지금 알고 있는 것을 미리 알았더라면 얼마나 좋았을까
요. 그랬다면 실수를 하지 않았을 겁니다. 하지만 이미 시간은
지나가버렸고, 나의 어리석음이 곳곳에 뿌려졌습니다. 이제,
조금 더 마음을 들여다보려고 합니다. '지각知覺'은 알아서 깨닫
는 것, 혹은 사물의 이치나 도리를 분별하는 능력을 가리킵니
다. 여기서 '안다'는 것은 지각의 차원을 뛰어넘는 것입니다. 깨
달음 이전의 것을 깨닫는 것, 아는 것 이전을 알아차리는 것입
니다. 그것은 세상의 지식으로 아는 것이 아니라, 선험적인 깨
달음으로 아는 것을 의미합니다. 선험先驗이란 경험에 앞서 선
천적으로 가능한 인식 능력을 일컫습니다. 그리하여 이 세상의
것을 초월해서 알 수 있는 것입니다. 그것은 오감(시각·청각·후
각·미각·촉각)의 중심에 이르는 육감, 초감각, 직관으로 알 수 있
습니다. 우리가 그동안 해왔던 여행을 통해 말하자면, '마음의
빛'으로 알아차리는 것입니다. 지금은 내면에 존재하는 근원의
목소리에 귀 기울이는 연습을 하려고 합니다. 이 연습이 되면,
혼자서도 얼마든지 그렇게 귀 기울이고 행동할 수 있지요. 그
럴 때 주어진 길을 감사하며 살아갈 수 있게 될 것입니다.

1. '내가 간절하게 알고 싶은 것' 하면 떠오르는 것을 간략하게 한 문장
   으로 나타내고, 그 이유를 적어보시기 바랍니다.

2. 눈을 감고 허리를 반듯하게 펴서 척추를 세우고 앉습니다. 고개를 정
   면으로 향하고, 의자에 앉아 있다면 깊숙이 바른 자세로 앉습니다.
   혹시 몸이 불편하거나 허리가 아프다면 눕거나, 의자 등받이 혹은 벽
   에 기대어도 됩니다. 복식호흡을 스무 번 정도 해봅시다. 복식호흡을
   하면 숨을 들이마실 때 배가 부풀어 오르고 내쉴 때 배가 꺼집니다.
   잘되지 않으면 내쉬는 것에 집중해서 입으로 소리가 약간 날 정도로
   충분히 내쉬어보시기 바랍니다. 그러면 충분히 들이마실 수 있습니
   다. 양손을 배 위에 얹고 배가 움직이는 것을 그대로 느껴보시기 바
   랍니다. 배가 부풀었다가 꺼졌다가 하는 것을 손으로 느껴보시기 바
   랍니다. 온몸을 이완해보시기 바랍니다. 호흡할수록 몸이 이완되는
   것을 느껴보시기 바랍니다. 호흡은 원하는 만큼 횟수를 늘려서 더 해
   도 됩니다. 어느 정도 몸이 이완되면, 배에서 손을 떼고 무릎 위에 놓
   으시면 됩니다.

3. 1)에서 떠올린 '내가 간절하게 알고 싶은 것'에 대해 마음의 빛에게 물어보고 빛의 답을 들어보시기 바랍니다. 편안한 마음으로 자연스럽게 대화를 나누면 됩니다. 충분히 대화한 뒤 어떤 느낌이 드는지 떠올려보시기 바랍니다. 이 느낌을 그대로 간직한 채 천천히 마음속으로 셋을 세고 눈을 뜹니다. 하나, 둘, 셋!

4. 3)에서 빛과 나눈 대화와 그 느낌을 그대로 옮겨 적어보시기 바랍니다. 아무것도 떠오르지 않아도 괜찮습니다. 눈을 뜬 채 이 상황을 그대로 상상해서 적어보셔도 됩니다.

5. 전체 소감을 적고 읽어주세요.

74   빛 퍼뜨리기

그동안 우리는 빛을 느끼고, 누리고, 나누고, 드리우는 여행을 이어왔습니다. 빛은 나도 모르는 사이에 이미 사방으로 퍼져나가고 있습니다. 그 빛이 주위를 환하게 밝히는 것을 그저 느끼고 받아들이면 됩니다. 자, 이제 마음의 빛이 찬란하게 뻗어나가는 것을 함께 지켜보실까요?

1. 눈을 감고 허리를 반듯하게 펴서 척추를 세우고 앉습니다. 고개를 정면으로 향하고, 의자에 앉아 있다면 깊숙이 바른 자세로 앉습니다. 혹시 몸이 불편하거나 허리가 아프다면 눕거나, 의자 등받이 혹은 벽에 기대어도 됩니다. 복식호흡을 스무 번 정도 해봅시다. 복식호흡을 하면 숨을 들이마실 때 배가 부풀어 오르고 내쉴 때 배가 꺼집니다. 잘되지 않으면 내쉬는 것에 집중해서 입으로 소리가 약간 날 정도로 충분히 내쉬어보시기 바랍니다. 그러면 충분히 들이마실 수 있습니다. 양손을 배 위에 얹고 배가 움직이는 것을 그대로 느껴보시기 바랍니다. 배가 부풀었다가 꺼졌다가 하는 것을 손으로 느껴보시기 바랍니다. 온몸을 이완해보시기 바랍니다. 호흡할수록 몸이 이완되는 것을 느껴보시기 바랍니다. 호흡은 원하는 만큼 횟수를 늘려서 더 해도 됩니다. 어느 정도 몸이 이완되면, 배에서 손을 떼고 무릎 위에 놓으시면 됩니다.

2. 내 마음의 빛을 전달하고 싶은 사람과 장소를 동시에 떠올려보시기 바랍니다. 어떤 곳에서 누구에게 전하고 싶은가요? 내 마음의 빛을 내가 떠올린 장소에서 내가 떠올린 상대에게 전하고, 자연스럽게 그 상대와 대화를 나누어보시기 바랍니다. 대화할 때의 느낌을 그대로 간직한 채 천천히 속으로 셋을 세고 눈을 뜹니다. 하나, 둘, 셋!

3. 2)에서 누군가에게 빛을 전하고 대화하며 떠올린 느낌을 그대로 옮겨 적어보시기 바랍니다.

4. 전체 소감을 적고 읽어주세요.

부드럽게
       스며들며

튀어나온 것, 저돌적인 것은 양적인 기운이라 할 수 있습
니다. 반대로 움푹하게 들어가 감싸고 품어주는 것은 음적인
기운이라 할 수 있습니다. 우주의 두 기운이 절묘하게 조화를
이뤄서 만물에 부드럽게 스며들면 생명이 탄생하고 자라나게
되지요. 인간은 자연에 속해 있으므로 우리에게도 부드럽게
스며드는 양과 음의 조화로운 기운이 필요합니다. 촉촉이 대
지를 적시는 봄비처럼, 풋풋하게 생명을 길어 올리는 햇살처
럼 내 안에 있는 생명력을 활짝 열어봅시다.

1. '내 마음에 부드럽게 스며드는 것' 하면 떠오르는 대상을 포착해서
한 단어로 나타내봅시다.

2. 1)과 같이 쓴 이유를 한 줄 이상 적어보시기 바랍니다.

3. '내 마음에 부드럽게 스며드는 것'에 대해 구체적으로 적어보시기 바
랍니다. 분량은 자유입니다.

4. 전체 소감을 적고 읽어주세요.

살아가는 동안 고난과 역경은 늘 다른 얼굴을 하고 찾아오곤 합니다. 이미 극복한 경험을 바탕으로 헤쳐갈 수는 있겠지만, 매번 뒤따르는 절망감은 어찌할 수가 없습니다. 쉽고 편안한 길을 마다할 사람은 없습니다. 하지만 성숙해지기 위해서라면, 캄캄한 어둠의 길 또한 용기 내어 통과할 수 있어야 합니다. 다른 누가 시켜서가 아니라, 나의 내면의 속삭임을 따라서 말이지요.

앞서 말했듯이 인생의 길은 동굴이 아니라 터널입니다. 어둠이 짙어질수록 빛과 만날 순간도 가까워지지요. 한 줄기 빛이 기적처럼 임하고, 그 빛을 따라가다 보면 환한 출구가 나타납니다. 인생에는 그러한 터널이 숱하게 우리를 기다리고 있습니다. 우리는 지난 터널을 통과하며 얻은 경험을 바탕으로 '기꺼이' 새로운 터널 안으로 성큼 들어섭니다. 그러한 과정이 생의 마지막 순간까지 계속되는 거지요. 길었던 우리의 마음 여행은 이제 막바지에 와 있지만, 진짜 여행은 지금부터 시작입니다. 지난 과정을 하나하나 되새기며, 두근거리는 마음으로 또 다른 여행을 준비해볼까요?

1. '다시 시작' 하면 떠오르는 느낌을 한 단어로 적어보시기 바랍니다.

2. 1)과 같이 쓴 이유를 한 줄 이상 적어보시기 바랍니다.

3. '다시 시작하는 것'에 대해 구체적으로 적어보시기 바랍니다. 분량은 자유입니다.

4. 전체 소감을 적고 읽어주세요.

　　함께 부르는
　　　　노래

　　뺨을 살짝 어루만져주는 산들바람이, 지천으로 핀 생명
력 강한 꽃의 향기가, 오랜 세월 깊이 뿌리 내린 현명한 나무
가, 길고 하얗게 다리를 쭉 뻗은 길이, 구름을 반죽해서 그 어
떤 형상을 빚어내는 하늘과, 강렬한 기운을 뿜어내는 해와, 환
하고 은은한 그리움을 심어주는 달과, 꿈과 소망으로 벅차오
르는 가슴으로 바라보게 하는 별과

　　이 세상에 있는 모든 것과
　　이 세상 밖에 있는 모든 것들과
　　내가 알고 있는 것과
　　지금은 모르지만 알 수 있는 것들과
　　함께 부르는 노래입니다.

1. '지금, 이 순간, 현재의 나' 하면 떠오르는 느낌을 한 단어로 표현해 보시기 바랍니다.

2. 1)과 같이 쓴 이유를 한 줄 이상 적어보시기 바랍니다.

3. '나를 이루는 것들'에 대해 구체적으로 적어보시기 바랍니다. 물질이 아니라 보이지 않는 것들에 초점을 두고 적어보시기 바랍니다. 예를 들면, 지혜, 용기, 사랑 같은 것이 있겠지요. 그리고 왜 그렇게 생각 하는지도 자유롭게 적어보시기 바랍니다.

4. 전체 소감을 적고 읽어주세요.

마음 여행을 잠시 쉬어 가며

여기까지 오시느라 수고하셨습니다. 당신과 저는 아주 가깝게 하나로 연결되어 있습니다. 그것을 마음으로 영혼으로 느낍니다. 우리는 77개의 장소를 지나왔습니다. 곳곳에 우리가 뿜어낸 향기가 배어 있습니다. 함께 머물렀던 자리는 빛나는 추억으로 새겨져 있습니다.

하지만 여기서 여행이 끝난 것은 아닙니다. 여행의 마지막은 언제가 될지 알 수 없기 때문입니다. 우리는 그저 잠깐 쉬어 갈 뿐이지요. 긴 여행에서 한숨 돌리는 것은 너무나 달콤한 휴식일 겁니다. 어디에서 휴식을 취할까요? 우거진 숲속, 나무 향기가 가득한 통나무집 안에서 맛있는 차를 마실까요? 넓고 파란 바다 위에 떠서 티 없이 맑은 하늘을 올려다볼까요? 갖가지 색의 들꽃이 어우러진 들판에 앉아서 노래를 부를까요? 어디든 떠올리는 곳으로 우리는 함께 갈 수 있습니다.

충분한 휴식이 되었다고 느낄 때, 자리를 훌훌 털고 일어나 처음부터 다시 여행을 시작하셔도 좋겠습니다. 아니면 원하는 여행지를 골라 그곳에만 집중해서 다녀오는 것도 좋겠습니다. 어느 곳이든 언제든 기꺼이 동행하겠습니다.

마음 여행의 최종 목적지에 다다른 날에는 드디어 터널을 통과해서 빛 안으로 들어서게 되겠지요. 그날, 우리가 손을 잡고 함께했던 여행에 관해 긴한 이야기를 나눌 수 있을 것입니다.

늘, 언제나, 매 순간, 찬란하고 환하고 푸르고 빛나시길 기원합니다.

박정혜(시아) 드림

이것은 시아가 직접 행한 77가지 마음 여행 기록지입니다.
진솔하고 뜻깊은 만남을 위해 고스란히 남깁니다.

부록

1. 희망.

2. 글을 통해 무수히 많은 이들과 함께하겠다는 희망을 가지고 있어서.

3. 평온과 지혜.

4. 어렵고 힘들고 불안한 세상에서 견뎌내며 혜안을 가짐으로써 함께 손잡고 나갈 수 있는 길을 제시하고 싶어서.

5. (왼쪽 면의 '희망'과 오른쪽 면의 '평온과 지혜'를 들여다봅니다.)

6. 나는 현재 희망을 가지고 평온과 지혜 쪽으로 가려고 한다. 때때로 불안과 두려움이 엄습하지만, 결국 내가 가지고 있는 선량한 마음이 가리키는 대로 행하고 적극적으로 현실을 이겨내리라는 사실을 알고 있다. 그것에 내 안에 있는 힘이다.

7. 첫 시간, 처음으로 진행하게 되어 설레고 기대가 됩니다. 내가 혼자가 아니라는 생각을 합니다. 이렇게 연결될 수 있어서 기쁩니다.

1. (허성욱의 시 「그림자의 인생길」을 함께 낭송합니다.)

2. 우둔함과 불쌍함.

3. 어리석게도 자신의 그림자인 것을 깨닫지 못하고, 자기 자신을 극복하지 못한 채 생을 마감하고 말았기 때문에 불쌍한 마음이 든다.

4. 호숫가, 이빨, 임 : '호숫가'는 나를 비춰줄 수 있는 내면의 거울 같은 존재. '이빨'은 강하고 물고 뜯으려는 이기적인 욕망의 상징. '임'은 내 삶을 허락하고 지켜보고 지켜주는 절대자이자 온전한 에너지.

5. 위축감과 잘난 척하는 마음. 위축감은 시기와 질투와 비교 의식 때문이고, 잘난 척하는 마음은 우월 의식 때문에.

6. 내 그림자를 이제 껴안아줍니다. 나보다 잘났거나 잘난 척하는 사람들, 권위적인 사람들을 보면 역겨워하고 미워하고 속으로 손가락질해왔지만, 내 마음에도 바로 그런 것이 있다는 것을 깨닫습니다. 잘나고 싶고 남들 위에 서서 주목받고 칭송받고 싶은 마음을 봅니다. 그런 욕망의 그림자를 거부하지 않고 있는 그대로 안아줍니다. 그런 욕망을 가지고 사느라 힘들었던 나를 이해하고 포용해줍니다. 훌륭해도 되고, 그렇지 않아도 돼. 특별하려고 하지 않아도 있는 그대로 빛나고 특별한 나이니까.

7. 권위적이고 잘난 척하는 사람들 앞에서 속마음은 역겹고 싫은데도 '존경'이라는 말을 사탕발림처럼 쓰곤 했다. 전혀 존경하지 않는데도 그런 말을 했던 것은 거짓과 위선이 아니었다. 내 안에 있는 그런 그림자를 스스로 껴안기 위한 노력이었다는 생각이 지금 든다. 또 하나, 내겐 평생의 화두였던 '어머니'가 있는데, 17년 전부터 나는 어머니에게 '존경'이라는 말을 능청스럽게 붙여보았고, 그 말을 자연스럽게 쓸 정도로 어머니를 닮은 그림자의 마음을 그동안 스스로 껴안아왔다는 것을 지금 깨닫는다. 결국 각성하고 나서의 내 삶은 내 그림자를 잘 보듬어주는 것이었다는 사실을 새롭게 알아차리게 되었다.

8. 보이지 않지만, 볼 수 있는 누군가와 은밀하고도 깊이, 이렇게 마음을 나

눌 수 있어서 행복합니다. 참 재미있습니다. 다음 시간이 기다려집니다.

글빛
마음빛
━●━●━●━ 03

1. (안수환의 시 「문」을 함께 낭송합니다.)

2. 고집, 당위성.

3. 화자는 자신의 뜻과 신념대로 모든 것을 끌고 나가겠다는 '고집'과 스스로가 만들어낸 '당위성'에 얽매여 괴로워하고 있다.

4. 눈물겨워라: 그렇게 애쓰지 않아도 되는데, 마음을 좀 더 여유 있고 편안하게 가졌어도 충분했을 텐데, 불필요한 고집으로 자기 자신을 괴롭히고 스스로 만들어낸 당위성에 자신을 가둬놓은 모습이 안쓰럽게 느껴진다.

5. 하나뿐인 나의 딸.

6. 딸아, 나는 그동안 네가 문을 닫으면 열려고 하고, 네가 열면 닫으려고 했구나. 미안하다. 나는 내 방식이 옳다고 고집을 부리며 잘못 대해왔음을 최근에야 깨달았단다. 조용히 믿고 기다려주었다면 넌 더 잘할 수 있었을 텐데. 억지를 부리며 막아서고 말리고 금지해서 미안하구나. 생각해보면, 나는 어릴 때부터 자주 그래왔단다. 넓은 마음을 가지고 적절한 선에서 허용했어야 했는데, 내 생각과 감정에만 치우쳐서 네 마음을 충분히 배려하지 못했구나. 미안하다. 내 고집대로 해온 나를 용서해다오. 늦게나마 깨달았으니 이제부터라도 있는 그대로 너를 믿고 이해하도록 노력할게. 사랑한다. 내 귀한 딸아.

7. 4년 전 저는 "세상에서 엄마가 제일 싫어!"라는 딸의 말을 듣고 큰 충격을 받았습니다. 그 말을 듣고서 내가 그동안 '문을 잡은 손'처럼 살고 있었다는 것을 깨닫기 시작했습니다. 그래서 깨달은 만큼 실천하기 위해 손에 힘을 빼왔습니다. 그렇게 하자 딸은 단단해지고 믿음직해져서 자신의 둥지를 찾아 날아갔습니다. 감사한 일입니다.

8. 딸의 말은 저에게 큰 아픔을 주었지만, 갈등을 극복하면서 결국 더 큰 축복으로 이어졌습니다. 이번 시간을 통해 고집과 당위성에 얽매이지 말고 좀 더 부드러운 내가 되어야겠다고 다시 한번 다짐해봅니다.

글빛
마음빛 ──•─•─•─•── 04

1. (보라색을 선택합니다.)

2. (보라색으로 아래와 같이 색칠을 합니다.)

신비

3. (그 아래 '신비'라고 씁니다.)

4. 세상을 이루는 문화적 역사적 사건들에 내가 미처 알지 못했던 여러 요인들이 작용하는 것 같아서. 최근 나는 『어둠의 정부』『커튼 뒤의 사람들』이라는 책을 읽고, '바이블 코드'에 관한 자료를 보고 있는데, 그와 연관된 느낌이 마음의 빛깔로 이어진 것 같다. 상황을 제대로 파악하려고 애쓰되, 상황에 흔들리지 않고 내가 해야 할 일을 해나가겠다고 다짐한다.

5. 각종 사건이 터지는 혼란스럽고 어지러운 현실에서 소명 의식이 더욱 강해지는 걸 느낀다. 내가 기필코 해야 할 일들은 어둠의 반대편에서 무작정 싸우는 것이 아니라 내가 있는 자리에서 그대로 빛을 밝힘으로써 어둠이 스스로 사라지게 하는 것이다. 생의 끝까지 이 일을 해내는 것이 내 삶의 진정한 의미라는 사실을 받아들이고 영혼 깊이 새긴다.

6. 지금 내 마음의 빛깔이 '보랏빛'이라는 점, 보랏빛이 주는 신비와 신기함이 나를 이루고 있었다는 점을 알아차리는 계기가 되었다. 이 시대가 가진 혼란들을 알아차리면서 갈등과 혼돈이 왔지만, 마음을 정리해본다. 정신을 차리고 이겨내기로 마음을 다진다. 그리고 깨닫는다. 어둠의 도가니 속에 그저 파묻혀 있지 않겠다고. 깨어나고 깨우치겠다고.

7. 마음의 빛깔을 떠올리고 최근의 내 마음을 짐작해보았습니다. 내 마음을 있는 그대로 수용하고, 이해하는 기회를 가질 수 있었습니다.

글빛
마음빛
──●─●─●─ 05

1. (파란색을 선택합니다.)

2. (파란색으로 아래와 같이 색칠을 합니다.)

바람

3. (그 아래 '바람'이라고 씁니다.)

4. 바람에 몸을 내맡기고 바람의 에너지를 듬뿍 받아 하늘을 떠다니는 풍선처럼, 지금, 현재, 이 순간의 내 마음이 자유롭고 자연스러우므로.

5. 2020년을 시작하면서 내가 스스로 정한 '올해의 색깔'이 바로 파란색이다. 파란색은 희망과 축복을 상징하는 색이다. 또한 내가 원하는 대로 글을 쓰고 강의를 하고 있는 지금 내 삶이 바람을 타고 자유롭게 날아오르는 풍선과도 같이 느껴진다.

6. 내 마음을 풍선으로 나타낸 것은 처음이다. 바람을 타고서 자유롭게 날아다니는 풍선의 기운을 고스란히 느끼고 있다. 감사하다.

7. '내 마음은 풍선이다'라고 쓰니 가볍고 상큼한 기분이 듭니다. 마음껏 하늘을 누리며 즐겁게 살겠습니다.

1. (보라색을 선택합니다.)

2. ('감정의 흐름'을 높낮이로 표시합니다.)

3. ('글', '기침'이라고 씁니다.)

4. 글: 지금으로부터 보름 전, 200자 원고지 1,147매 분량의 자전적 소설 『푸른 침실로 가는 길』을 최종 퇴고했다. 글을 쓰기 시작한 지 약 두 달 만이다. 생애 꼭 하고 싶은 일 하나를 이루었다. 글이 잘되었는지, 예술적 가치가 있는지 여부는 알 수 없다. 다만, 내 마음이 시키는 대로 했고 결국 해냈다는 것이 기쁘다.

기침: 소설 초고를 끝낼 즈음, 감기에 걸렸다. 기침이 멈추지 않아서 거의 열흘간 잠을 못 잘 지경이었다. 지금도 간간이 기침이 나오기는 하지만, 심할 때에 비하면 훨씬 나아졌다. 다행인 것은 88세이신 어머니가 감기에 걸리지 않으셨다는 것이다. 한창 기침이 심할 때는 일부러 거리를 두었는데, 어머니는 왜 한집에서도 이리 멀찍이 떨어져 있느냐며 의심어린 눈으로 나를 보셨다. 늘 그렇듯이 설명을 해도 소용없어서 무척 속상했다. 그 모든 오해를 딛고 무사히 넘겨서 다행이다.

5. 보라색을 선택한 것은 지난 한 달간 글을 쓰고, 강의 자료를 준비하고, 강의를 하고, 지금 이 순간 또 다른 글을 쓰고 있는 이 상황이 신기하고 신비스러워서이다. 모든 것이 신의 놀라운 섭리라고 생각한다.

6. 지난 한 달 동안 내 감정은 내 상황이나 상태에 따라 변했다. 그렇지만 변화의 폭은 크지 않고 비교적 평온했으며 평균적으로 조금 상승해서 이어졌음을 알 수 있다. 최근의 내 감정을 스스로 볼 수 있었다.

7. 내 감정을 알아보는 특별한 경험을 했습니다. 몸이 힘들 때조차도 많이 가라앉지 않고 금세 회복할 수 있어서 감사한 마음입니다.

글빛
마음빛
●━●━●━●━ 07

1. 간섭.

2. 나는 간섭받는 것을 엄청 싫어한다. 오늘도 그걸 느꼈다. 뭔가를 하려고 하는데 그걸 못 믿어서 자꾸만 잔소리를 해대는 어머니에게 짜증이 났다. 그런데 문제는 어머니와 오랜 세월을 보내는 사이 나에게도 '간섭하는 성향'이 생기지 않았을까 우려된다는 점이다. 내가 싫어하는 것이 나도 모르는 사이 내 안에 생겨날 수도 있지 않을까? 그러지 않도록 경계하고 깨어 있어야겠다.

3. 긍정.

4. 나는 오랫동안 부정에 휩싸인 채 살아왔다. 비난, 욕설, 비아냥을 일삼으며 부정적인 이미지를 심어주었던 어머니에 대한 반발로 일부러 긍정적 에너지를 갖고자 애써왔다. 반항심으로 시작했지만, 지금은 자연스럽게

나 자신을 긍정의 에너지 안에서 숨 쉴 수 있도록 하고 있다. 이것이 나의 아주 큰 자산이다.

5. (왼쪽 면과 오른쪽 면을 포개어 포옹하게 한 뒤 새로운 장으로 공책을 넘 깁니다.)

6. '내 안에는 싫어하는 나와 좋아하는 내가 함께 있습니다.' 신기하게도 이 두 마음을 적은 글귀 속에 '어머니'가 등장합니다. 어머니로부터 벗어나 고자 무진장 애써왔던 세월이 수십 년입니다. 이제는 일부러 벗어나지 않음으로써 놓여날 수 있다는 것을 압니다. 일부러 도망치지 않음으로써 자유로울 수 있다는 것도 알게 되었습니다. 내 마음의 주인은 나입니다. 이 사실을 최근에야 비로소 몸과 마음으로 체득하게 되었습니다.

7. 내 안에 살고 있는 좋거나 싫은, 긍정적이거나 부정적인 그 모든 마음을 어루만져주고 안아줍니다. 부정적 마음에는 따스함을, 긍정적 마음에는 박수를 보냅니다.

8. 내 마음을 차분하고 세심하게 돌아보는 계기가 되었습니다. 내가 나에게 보내는 위로와 지지의 힘이 느껴집니다.

글빛
마음빛
─●─●·●·─ 08

1. 방울새. 손바닥만 한 크기에 연분홍빛이 찬란한 작은 새. 날개를 펴고 날 면 방울 소리가 은은하게 울리는 새. 지혜롭고 총명하고 따뜻하고 배려 심이 많은 새.

2. (제시문대로 복식호흡을 하면서 몸과 마음을 이완합니다.)

3. ('나만의 새'를 불러내고 과거의 '상처' 속으로 날려 보냅니다.)

4. 중1 때. 아버지가 빚보증을 잘못 서는 바람이 사업이 망한 뒤, 우리 가족은 13평짜리 작은 아파트에서 살게 되었다. 어머니는 잔소리와 악다구니를 계속 퍼부었는데, 그 이전에도 이후에도 자주 일어나는 일이었다. 그날도 어머니의 욕설과 저주가 몇 시간 넘게 계속되었다. 나는 욕실에 달린 거울을 바라보며 나도 모르게 그 저주의 말을 따라 하고 있었다. 너는 세상에서 가장 나쁜 년, 악마다. 그 말을 하고 있는 나한테 방울새가 날아왔다. 그렇게 말하고 있으니 나는 점점 악마로 변해가는 것만 같았다. "너무 슬퍼서 그렇게 생각하고 있구나. 마치 마비가 된 듯 생각이 얼어붙어버리지? 하지만 넌 악마가 아니야. 네게는 내가 있어. 언제나 어디에서나 무슨 일을 할 때나 내가 널 지켜줄 거야. 너는 빛나는 아름다운 존재야." 나는 그래도 자신에게 악마라고 말하는 것을 멈추지 않았다. 방울새는 다시 말했다. "이 아픈 기억, 그리고 더 많은 아픔의 순간들을 다 견디고 나면 넌 강해질 거야. 그렇게 이겨낸 경험을 많은 이들과 함께 나누게 될 거야." 나는 저주의 말을 마침내 멈추었다.

5. 방울새는 나의 중1 시절로 날아갔다. 그리고 예지를 담아서 내게 위로의 말을 건네고 나를 온전히 감싸주었다. 나는 따뜻하고 찬란한 빛으로 둘러싸여 있었다.

6. 방울새를 직접 만나고 과거로 날려 보낼 수 있어서, 또 마음속에 간직하고 실체감을 가질 수 있어서 방울새는 든든하고 고귀한 존재라는 생각이 듭니다.

1. (제시문대로 복식호흡을 하면서 몸과 마음을 이완합니다.)

2. ('나만의 새'를 불러내고 '첫 기억' 속으로 날려 보냅니다.)

3. 세 살 때 엄마가 작은 스테인리스 그릇에 담아준 고소한 누룽지를 먹으며 맞은편 검은 장롱에 비친 내 모습을 바라보고 있었다. 얼마나 맛있던지 나는 "너도 먹고 싶지? 안 줘!" 하며 장롱에 비친 내게 그릇을 내밀었다가 빼앗았다가 했다. 그게 나라는 걸 알면서도 그랬다. 그렇게 장난치면서 먹고 있는 어린 나에게 방울새가 다가가 사랑스럽고 귀여워서 어쩔 줄 몰라 하는 시선으로 바라보며 곁에서 날개를 파닥거리고 있었다.

4. 나는 귀엽고 소중하고 사랑스럽고 빛나는 존재구나! 어릴 때도, 지금도, 앞으로도 영원히!

5. 첫 기억 속의 나는 감사하게도 평온하고 즐겁습니다. 생각해보니, 그 누룽지를 끓여서 내게 건네준 사람은 바로 어머니입니다. 예전에는 그 생각을 하지 못했는데 지금에야 깨닫습니다. 살아오면서 숱한 상처를 줬던 어머니이지만, 아름다운 첫 기억을 선물해주시기도 했다는 것을 알아차립니다.

1. 예순 살의 나. 지혜의 여신. 고아한 아우라가 있는, 너그럽고 인자하고 아름답고 눈부신 여인을 떠올렸다.

2. 시아야, 너는 참 잘해냈다. 여러 아픈 일들을 견뎌내고 네 평생 화두인 '목숨이 다하는 날까지 살아나가는 것'을 이루어가고 있구나. 또 악을 선으로 갚는 방법도 터득해서 성숙의 길에 접어들었구나. 그런 네가 자랑스럽다. 지금껏 잘해왔고 또 잘하고 있으니 염려 말고 이대로 나아가거라. 아직 해야 할 일이 많단다. 이렇게 나이를 먹었지만 나 역시 여전히 바쁘고 활발하게 지내고 있단다. 보람된 일이 많으니 걱정 말고 걸어가거라. 너만이 할 수 있는 일들이 너를 기다리고 있단다. 사랑한다. 시아야, 언제나 늘 변함없이 사랑한다.

3. (지금, 현재, 이 순간의 나로 돌아와서 위 메시지를 소리 내어 읽습니다.)

4. 나는 점점 늙어가는 것이 아니라 점점 성숙해지고 있으며, 시간이 흐를수록 더 아름답게 빛나리라는 것을 믿는다. 인생은 영혼의 성장을 이루는 절호의 기회이다.

5. 현명한 나이에 이른 내가 지금의 나에게 따뜻한 에너지와 응원을 보내며 나를 지켜주고 있다는 생각이 듭니다.

글빛
마음빛 ─●─●─•─ 11

1. 결심. 그동안 한 번도 생각해보지 않고 회피하려고만 했던 일을 큰 영혼의 메시지로 수용하고 해내려고 의지를 세웠기에.

2. 4년 전이었다. 심한 관절염으로 자리에 누워 계시던 84세의 어머니를 모시게 되었다. 어머니가 요양병원에 입원해 있는 한 달 반 동안 이사를 하고 집을 한데 합쳤다. 어머니를 모시기로 굳게 결심한 순간에 내게 찾아온 엄청난 희열, 그 절대적인 기쁨이 지금도 생생하다.

3. 시아야, 장하다. 어떻게 그런 큰 결심을 하게 되었는지 너도 이제 잘 알고 있으리라 믿는다. 그건 세상에 살고 있으나 세상에 속하지 않아서 가능한 결심이었다. 그건 네 머리가 시키는 일을 거부하고 가슴이 움직이는 대로 행했던 용기 있는 실천이었다. 너는 그때 하늘에 있는 또 다른 영혼이 크게 기뻐하는 것을 알았고, 그 엄청난 기쁨의 순간을 늘 기억하고 있구나. 어머니와 함께 사는 삶은 고행의 길이고, 지금도 그러하다는 것을 잘 알고 있다. 하지만 모든 것에는 마지막이 있다. 네가 선택한 길이 바르다는 사실을 지금도, 훗날 생을 마무리하는 순간에도 느낄 것이다. 시아야, 그런 네가 자랑스럽다.

4. 나는 부정의 늪 속에서 자주 헤맸다. 부끄럽고 어리석은 과거의 무수한 행적들이 나를 둘러싸고 있었다. 그런데 그런 것들이 이제는 없다. 과거의 처참한 기억들조차, 쓰레기 같은 시간들조차 눈부시다. 나를 이루어온 시간들이니 모두 의미가 있다. 실수와 실패와 좌절과 방황조차 감사하다.

5. 그렇게 결심했던 순간, 그 희열을 느꼈던 놀라운 순간을 다시 기억하고 나와 소통하며 이렇게 나누어보니 자부심이 느껴지고, 잘했다고 스스로를 칭찬해주고 싶습니다.

글빛
마음빛
━•━•━•━ 12

1. (제시문대로 복식호흡을 하면서 몸과 마음을 이완합니다.)

2. ('나만의 새'가 나타나 지금, 현재, 이 순간의 나와 대화합니다.)

3. 시아야, 잘하고 있다. 앞으로 네가 상상할 수 없을 만큼 훌륭하고 보람된 일이 기다리고 있단다. 너는 총명하고 지혜롭게 너와 인연을 맺는 이들

의 내면을 자극하고 영혼을 성장할 수 있도록 이끌어주는 역할을 할 거란다. 시아야, 모든 것이 신의 섭리 가운데 존재하고, 행해지고 있단다. 항상 감사하며 앞으로 꾸준히 나아가자.

4. 방울새의 메시지로 시작했지만, 어느 순간 기도가 되어 간절하게 기도를 드리고 있었다. 나는 세상에 있지만, 세상에 속하지 않을 것이다.

5. 방울새가 늘 나와 함께하며 나를 지켜주고 인도해주고 있다는 사실이 참 놀랍고 감사합니다.

글빛
마음빛 ─●─●─●─ 13

1. 열정 에너지.

2. 잡다한 집안일과 외부 일을 쉴 새 없이 하면서도, 집중력을 잃지 않고 에너지를 발휘해 내게 주어진 소명을 다하고 있으므로.

3. 극복을 향한 열정.

4. 여러 상황으로 혼란한 사회, 경제 속에서 살아갈 수밖에 없지만, 혼돈 속에서만 허우적거리지 않고 담담하고 올곧게 내가 해야 하는 일에 집중하면서 모든 상황들을 극복해왔기 때문이다.

5. 지혜롭고 현명한 일상.

6. 지혜와 현명함을 겸비한 치료사로서 치료를 원하는 많은 이들에게 에너지를 북돋아주고, 나 자신의 삶 또한 잘 가꾸고 싶어서이다.

7. 10년 후. 심상 시 치료를 지속적으로 행하고, 영혼의 성장을 위한 성찰과 통찰을 해나갈 수 있다.

8. 7점. 부족하지만, 해야만 하는 일을 계속해오고 있다. 앞으로 수치는 더 올라갈 것이다.

9. 따뜻함과 넉넉함을 가지고 느끼는 일. 그리고 그것을 나누고 드리우는 일.

10. 내가 어디로 가기를 원하는지, 어디쯤 왔는지, 결국 어떻게 될 것인지를 명확히 깨닫게 되었습니다.

**글빛
마음빛**
●·●·●— 14

1. (토마스 트란스트뢰메르의 「기억이 나를 본다」를 소리 내어 낭송합니다.)

2. 녹음.

3. 푸른 잎이 우거진 유월의 풍경이 떠오르는 말이기도 하지만, 한편으로 내 모든 경험이 나도 모르는 사이 다른 차원의 세상, 하늘 저 너머에 녹음錄音 되어 있을 것 같은 생각이 들어서.

4. 마음의 불안정, 불안, 화, 걷잡을 수 없는 외로움으로 인한 방황의 기억 들. 자살 시도와 자살 충동, 가출, 음주, 일탈, 자해들이 기억난다. 그중에 서도 어머니가 나한테 퍼부었던 악담과 욕설이 문득 귀에 들려오는 듯하 다. 비난하고 무시하고 욕하는 말들이다.

5. 어머니는 언제나 내 삶의 화두이구나. 나는 그 영향에서 벗어나기를 포기함으로써 비로소 그 속박에서 놓여날 수 있었고, 지금의 내가 될 수 있었다.

6. 내 기억의 소용돌이는 스트레스나 정신적 고단함 속에서 더욱 심해지는 경향이 있다. 과거의 기억은 어쩌지 못해도, 이제는 부정적 에너지에 휘둘리지 않고 내 안에 뿌리를 내림으로써 원하는 대로 이끌어갈 수 있다.

글빛
마음빛 ━●━●━●━ 15

1. (제시된 대로 마음 여행지를 선택합니다.)

2. 10년 후. 지혜롭고 현명한 치료사가 된 나.

3. (제시된 대로 몸과 마음을 이완하고, 마음 여행지로 갑니다.)

4. 2030년 하와이. 내담자와 함께하는 치료실. 나는 심상 시 치료를 행하고 있다. 다양한 사람들과 의사소통을 하고 치료 프로그램을 운영하면서 치유의 경험을 나누고 있다. 내면의 긍정적 에너지를 바탕으로 충실히 해내고 있다.

5. 신의 은혜와 축복으로 끊임없이 발전하고 있는 심상 시 치료를 치유가 필요한 모든 곳, 모든 이들에게 전하고 나누겠다. 치료사로서의 소명을 다하기 위해 늘 감사하며 살아가야겠다.

6. 내 미래는 아름답게 빛난다. 지금부터 계속!

1. (공책에 '하늘'이라고 씁니다.)

2. (내 나이 스물두 살 때 돌아가신 아버지를 만납니다.)
나 : 아빠, 많이 보고 싶었어요. 그동안 어떻게 지내셨어요?
아빠 : 나는 잘 지낸다. 신기하게도 이곳은 아픔이 없는 곳이란다. 가장
아름다울 때의 내가 살고 싶은 만큼 살 수 있는 곳이야. 아직은 우리가 함
께할 수 있는 시간이 되지 않았구나. 항상 너를 위해 기도하고 있단다. 네
가 엄마와 잘 지내려 애쓰는 것 알고 있단다. 넓은 마음으로 받아들이고
이해해줘서 고맙다. 그건 무척 어려운 일이고, 그렇게 해낸 것만으로도
넌 훌륭해. 사랑한다, 내 딸. 네가 하고 있는 일은 무척 숭고한 일이란다.
큰 기쁨과 자랑스러움으로 너를 응원한다.
나 : 아빠, 고마워요. 그곳에서 편히 지내시길 빌어요. 다시 이곳에서 만
나기 전까지 꿈속에라도 가끔 찾아와주세요.

3. 늘, 언제나, 항상 응원해주고 계시는 아버지의 에너지를 느낀다. 사랑해
요, 아빠!

4. 아버지는 내가 힘들 때는 힘든 모습으로, 좋은 일이 생길 때는 좋은 모습
으로 나타나곤 하셨다. 아버지의 메시지를 들으니 마음이 든든해진다.

1. (제시문대로 나를 안아주고 토닥이면서 대화를 나눕니다.)

2. 오늘도 수고 많았어. 애썼다. 피곤하지? 너무 늦게 자지 말고 얼른 일정을 마친 뒤 푹 쉬렴. 네가 지금 하고 있는 일은 너무나 귀하고 소중해. 너는 지금 혼자인 것 같지만, 그렇지 않단다. 빛나고 아름다운 인생이 펼쳐질 거야. 주어진 소명을 다하고 있는 네가 자랑스럽다. 사랑한다.

3. 내가 혼자가 아니라 신의 은혜와 섭리에 의해 삶을 살아나가고 있음을 믿는다. 앞으로 나도 모를 크고 훌륭한 계획을 세우신 하나님으로부터 내 삶이 실현되리라 믿는다.

4. 고단한 하루를 최선을 다해 보내고 나서 위로와 지지를 얻습니다.

**글빛
마음빛**
•─●─•─• 18

1. (진한 파란색을 떠올립니다.)

2. (제시문대로 내 몸을 감싸고 있던 천이 벗겨지는 것을 상상합니다.)

3. 완강하게 버티던 것이 일시에 확 벗겨지면서 시원해진 느낌이 든다.

4. 솔직하게 내 마음을 그대로 말한다. 나는 방황과 갈등으로 스스로 파멸의 길을 걸어왔던 적이 있었다. 알 수 없는 힘의 인도와 은혜로 자신을 가다듬고 치료사가 되었다. 이제, 나를 인도한 존재가 바로 하나님이라는 사실을 알아차린다. 내가 아팠던 만큼, 극복해온 경험만큼, 영혼의 부피만큼, 치료 현장에서 깊이 있게 활동할 수 있다고 믿는다. 나는 솔직하게 말해서 성장하고 발전하는 가운데 있다.

5. 나 자신을 성장 가운데 놓아둘 수 있고, 스스로의 부족함과 발전을 들여

다볼 수 있어서 행복하다.

6. 나와 만나는 작업, 내 안의 나를 있는 그대로 마주하고 보듬는 작업을 통해 그간 나 스스로가 자중자애하는 마음을 가리고 있었다는 사실을 깨닫습니다.

글빛
마음빛 ─●─●─●─ 19

1. 어머니.

2. 어머니와 연관된 일들은 그동안 내게 큰 아픔이었다. 어머니가 경계성 인격장애 환자라는 사실을 인정하기를 거부해왔고, 현실을 외면해왔다. 그러는 동안 어머니에 대한 증오는 걷잡을 수 없이 커져갔고, 급기야 나 자신을 증오하기에 이르렀다. 18년 전 어느 날, 거짓말처럼 어머니에 대한 사랑이 찾아왔다. 나는 그 사랑이 내가 행한 것이 아니라 축복과 은혜로 주어졌다는 사실을 잘 알고 있다. 그 이후 나는 나를 온전히 사랑하는 법을 서서히 터득할 수 있었다.

3. 누군가를 증오하면 그 사람을 닮아간다는 기막힌 아이러니를 나는 잘 안다.

4. 시아야, 너는 정말 잘해왔고, 지금은 더할 나위 없이 잘하고 있다. 나는 이 말을 네가 만났던 윤슬 속의 빛으로, 바람 속의 시원함으로, 나뭇잎의 싱그러움으로, 새의 지저귐으로, 바다의 들숨과 날숨으로 그동안 알려주었다. 그러니 힘내렴. 문득 떠오르는 과거보다 지금, 현재, 이 순간에 초점을 맞추어라. 여러 생각들이 불쑥불쑥 튀어나오겠지만, 환하고 아름다운 생각을 향해 발을 뻗어라.

5. (제시문대로 소리 내어 읽고 나를 안아줍니다.)

6. 내가 겪은 오랜 체험에서 이뤄진 사실이며, 뼈저린 고통으로 인해 깨달은 진리이다.

7. 어머니는 내 삶에 가장 큰 영향을 끼친 존재이다. 예전에는 아픔이었고, 내가 성숙을 원했을 무렵에는 가장 큰 화두였으며, 지금은 나의 스승이다. 어머니를 극복해나가면서 나는 치료사가 될 수 있었다.

**글빛
마음빛**
⋯•⋅•⋅• 20

1. 내 딸, 티나.

2. 세상에서 유일한 내 딸이니까.

3. 티나야, 어떻게 지내고 있니? 내가 걱정할까 봐 세세한 이야기를 하지 않는 건 아닌지 염려될 때가 종종 있어. 하지만 그런 근심을 먼지처럼 '후' 불어서 치워버리곤 한단다. 네가 현명하게 선택하고, 조화를 이루고 수용하면서 잘 극복해나가리라 믿는다. 내 삶에서 가장 소중한 내 딸 티나야. 어릴 적 사랑을 충분히 표현하지 못하고, 베풀어주지 못했던 일들이 가슴 깊이 걸리지만, 티나가 용서해줘서 지금은 많이 사그라들었단다. 미안하고 또 고맙다. 나도 따뜻하게 대하고 싶은데, 따뜻함을 누리지 못해서 방법을 잘 모르는 것 같기도 해. 그런 사실도 최근에야 비로소 깨달았단다. 많이 느리고 부족한 나를 그래도 믿어줘서 고맙다. 네가 내 딸인 것, 내가 네 엄마인 것이 행복하다. 사랑한다. −마모 씀−

4. 엄마, 사랑해요. 엄마는 나한테 잘한다는 말을 많이 했는데 나는 잘하지

못했어요. 그래도 내 마음에는 항상 엄마를 사랑하는 마음이 깊이 박혀 있답니다. 살아오면서 했던 무수한 일들과 감정들 속에서 긍정적인 것을 많이 떠올리고 있어요. 부정적인 것은 내 안에서 녹이고 흘려보내려 합니다. 나는 잘 지내고 행복해요. 간혹 내가 이렇게 아무 일 없이 평안하게 지내도 되나, 의문을 가질 때도 있어요. 그동안 아등바등 살아왔던 여러 일을 다 내려놓고 이렇게 사는 것이 아직은 꿈만 같아요. 하지만 이제 지금, 현재, 이 순간을 누리고 즐기고 감사하려고 합니다. 예전에는 엄마에게서 도망치려 했는데, 이제는 그러지 않아도 되니까 그것도 기뻐요. 감사해요. 그리고 언제나 사랑해요. -티나 드림-

5. 어쩌나, 눈물이 난다. 티나를 가정하고 쓴 글이 아니라, 지금 이 순간 티나와 마음이 하나가 되어 쓴 글이다. 신기하고 신비롭다.

6. 소중한 사람이 딸이라는 사실은 나를 가장 행복하게 하고, 나를 성숙하게 합니다. 그렇게 떠올릴 수 있어서 기쁩니다.

글빛
마음빛
—•—•—•—•— 21

1. 아이가 태어났을 때.

2. 기쁨과 환희의 순간 하나를 꼽으라면 나는 늘 이렇게 말한다. 내게서 새로운 생명이 탄생한 그 순간은 더할 나위 없이 숭고하고 아름답다. 언제나 그 사실만큼은 변함이 없다.

3. 시아야, 나는 아직은 어리고 철없고 방황 속에 있어. 하지만 아기가 무사히 건강하게 태어나서 큰 축복이라고 여기고 있단다. 새 생명을 탄생시킨 것은 크나큰 사랑이고 절묘한 신비로움이야. 육체로 딸을 태어나게

했듯이 이제 영혼으로 많은 이들을 성장시키고, 그들이 알을 깨고 나올 수 있도록 도와주렴. 사랑한다. 그리고 네가 자랑스럽다.

4. 20대 초반의 어린 내가 세월이 흘러 중년이 된 나를 격려해줄 수 있는지 미처 몰랐다. 예전의 방황과 아픔조차 극복하고 나니 찬란하게 느껴진다. 나는 나를 사랑한다. 때때로 찾아오는 오랜 우울조차 껴안아주고 있다.

5. 이렇게 기쁨과 환희의 순간이 딸과 연결되어 있으니 이 또한 감사하다. 내가 이루었던 모든 일들이 귀하지만, 새 생명의 탄생에는 비할 수가 없다. 나는 나 자신을 존경한다.

**글빛
마음빛**
─●◦•─ 22

1. (제시문 대로 복효근의 「상처에 대하여」를 낭송합니다.)

2. 용서. 모든 상처는 응어리진 마음, 용서하지 못하고 고여 있는 마음에서 오는 것 같다.

3. 꽃향기. 늘 꽃향기가 나는 삶을 살고 싶다. 내 인성, 인격의 향기가 그러하기를 원한다.

4. 내 오랜 상처는 어머니로부터 받은 인격 모독과 언어폭력이다. 숱한 날 동안 그런 일이 계속되었고, 상처는 덧나서 늘 피를 흘리고 있었다. 지금 어머니는 여전히 나와 함께 살아가고 있고, 언제 또다시 언어폭력과 싸늘한 눈초리가 시작될지 알 수 없다. 그런 상황이 지뢰처럼 사방에 깔려 있는 상태이다. 하지만 이제는 현명하게 지뢰를 피하는 방법과 그것을 건드리지 않는 방법을 알게 되었다. 그것은 바로 '용서'이고, 어머니를 용

서했던 18년 전부터 내 상처는 비로소 익어가기 시작했다. 잘 익은 상처에선 꽃향기가 난다.

5. 과거의 상처는 이제 흔적으로만 남아 있지만, 간혹 비슷한 상황이 닥칠 때 새로 상처가 생겨나 피가 흐르기도 한다. 하지만 피는 곧 멈추고 상처는 예전만큼 오래가지 않는다. 내 삶의 과제는 '용서'이다. 그것을 깨달은 순간부터 한 번도 잊은 적이 없다.

6. 상처를 통해 내가 진정 성장했으며, 앞으로도 성숙해지고 아름다워질 거라는 믿음을 가져봅니다.

**글빛
마음빛**
•—•••• 23

1. 고집이 세다. 융통성이 없다. 외로움을 잘 탄다.

2. 마음에 사랑이 가득하다. 현명하고 지혜롭다. 끈기 있게 도전하고 결단한 일을 해낸다.

3. 빛.

4. 나는 빛 그 자체이다. 언제나, 늘, 항상 마음의 한가운데에 자리하고 있는 빛이 사실은 내 근원적 힘이고 본질이다.

5. 나는 나를 귀하게 여기고 사랑합니다. 단점과 장점을 모두 가진 나를 소중하게 여깁니다. 가끔은 나를 미워하고 자책하거나 비난하지만, 그때조차도 근원의 힘인 '빛'은 언제나 나를 지켜주고 긍정의 힘을 북돋우고 있습니다. 과거에는 나를 사랑하지 못했던 순간들이 많았습니다. 이제 그

런 힘든 순간들을 모두 넘기고, 결국 진리를 얻었습니다. 나는 나를 사랑합니다.

6. 나를 사랑하기까지 30년도 더 걸렸다. 그동안 내 안의 빛이 언제나 나를 지켜주고 기다려주었다. 나는 빛이 인도하는 대로 소명과 사명을 다해나갈 것이다. 빛은 섭리대로 온전히 나를 인도해주고 있다.

7. 나를 이루는 본질은 바로 '빛'이며, 무수한 빛살들이 뿜어져 나와서 나를 이루고 있다는 사실, 내 장점과 단점들이 고루 섞여 조화를 이루며 나를 형성하고 있다는 사실을 깨닫는다. 이렇게 떠올리는 것 자체가 너무나 경이롭고 아름답다.

**글빛
마음빛**
─•─•─•─ 24

1. (연두색을 선택합니다.)

2. (제시문에 따라 아래와 같이 그림을 그립니다.)

3. 공존.

4. (제시문에 따라 입으로 그 이유를 말합니다.)

5. 모든 것들이 함께 어우러져서 살아가므로. 슬픔, 기쁨, 즐거움, 노함, 옳고 그르고 어긋나고 잘못되거나 잘한 모든 것들이 인생을 이루므로.

6. 생각보다 귀엽고 깜찍하다. 나는 평화와 조화를 사랑하고 있었구나!

7. 오늘 감정적으로 크게 동요할 뻔한 일이 있었지만, 모든 것을 신께 맡겨 놓고 내게 주어진 일을 했습니다. 그러고 나니 갈등 상황들이 해결되었습니다. 이 모든 감정의 소용돌이조차 삶을 이루는 부분이라고 여기며 감사합니다.

글빛
마음빛
—•—•—•—— 25

1. (제시문대로 행합니다.)

2. 옴.

3. 우주의 에너지를 담은 진리의 소리이기 때문에.

4. (제시문대로 행합니다.)

5. 내 몸과 마음이 우주와 소통하고 있었다. '감사'가 떠오른다.

6. 소리를 지르는 것이라기보다 소리를 울렸습니다. 내가 공명통이 되어 우

주와 진동을 합하는 느낌이었습니다. 언제든 마음만 먹으면 우주와 하나
가 될 수 있다는 사실을 깨달았습니다.

**글빛
마음빛**
●—●•—•— 26

1. (검은색으로 땅바닥을 그립니다.)

2. 우울. 삶의 의미 상실.

3. (하늘색으로 하늘을 그립니다.)

4. 사랑. 영혼의 충만.

5. (풍선 세 개를 그립니다.)

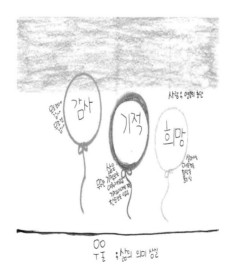

6. 감사 : 모든 것에 감사, 무조건 감사.

  기적 : 삶은 무수한 기적으로 이루어져 있음. 기적이 아닌 것은 한순간도 없음.

  희망 : 살아가는 매 순간은 희망을 품는 일.

7. (제시문대로 행합니다.)

8. 살아 있는 매 순간은 감사, 기적, 희망으로 이루어져 있고, 간혹 우울이 찾아와도 이내 사랑으로 충만한 영혼이 될 것이다.

9. 아름답고 빛나는 내 삶, 내 영혼, 나를 이루는 모든 것에 감사하고 기뻐합니다.

글빛
마음빛
━•••• 27

1. (제시문대로 그림을 그립니다.)

2. 화.

3. 날카로운 말, 소리와 눈빛, 욕설 그리고 눈물.

4. 내 마음의 눈물을 닦아주고 안아줍니다. 그동안 나는 날카로운 말, 소리와 눈빛, 욕설로 울 때가 많았습니다. 그것은 깊고 오래된 상처였습니다. 지금도 같은 상황에서는 눈물을 흘릴 수도 있지만, 예전보다 빨리 마음을 회복할 수 있게 되었습니다. 눈물을 닦을 힘이 있고, 나를 안아줄 힘도 있습니다. 눈물은 마침내 승화되어 내 안의 화를 풀어나갈 것입니다.

5. 슬픔을 이겨낸 내 삶이 아름답고 귀하다.

6. 나는 내 안의 슬픔과 화를 글로, 작품으로 승화시키고 있습니다. 때때로 흘리는 눈물마저 귀합니다. 나는 자신을 비하하던 오랜 습관으로부터 벗어났습니다.

글빛
마음빛 ─•─•─ 28

1. 무시.

2. 무시당한 느낌이 들 때 화가 난다. 상대가 내 말을 귀담아듣지 않거나 내 수고로운 행동을 하찮게 여길 때 화가 난다.

3. (제시된 대로 몸과 마음을 이완합니다.)

4. ('나만의 새'가 '내 안의 화'를 어루만지는 것을 느낍니다.)

5. 감사. 상대방이 나의 행동에 고마워하지 않을 때 '무시'당한 느낌이 들어 화가 났다. 방울새가 그런 내게 "괜찮아, 그들에게도 저마다의 사정이 있어"라고 말해주었고, 나는 그저 내가 행할 수 있다는 사실만으로도 감사하다는 생각이 들었다.

6. 내 화가 '무시'에서 비롯되었음을 이제껏 깨닫지 못했다. '무시'를 걷어내면 '감사'가 보인다는 사실을 새롭게 알게 되었다.

7. 불면의 밤에서 숙면의 밤으로 바뀔 것입니다. 감사한 마음입니다.

**글빛
마음빛**
──●─●─●── 29

1. (검은색으로 원을 그립니다.)

2. 슬픔. 때때로 세상에 나 혼자라는 생각이 들어 외로울 때가 있다.

3. (빨간색으로 원을 그립니다.)

4. 억울함. 베푼 만큼 돌아오지 않을 때 느끼는 심정, 불통의 아픔.

5. (분홍색으로 동그라미를 그립니다.)

6. 사랑. 내 안에 본질과 근원의 힘을 이루는 존재.

7. (제시된 대로 몸과 마음을 이완합니다.)

8. (마음의 빛이 내 안의 '화'와 '우울'을 비추는 것을 느낍니다.)

9. 하늘. 억울함과 슬픔으로 막혀 있던 것들이 걷히고 맑고 푸르른 하늘이 드러났다.

10. 내 안에 있는 고질적인 화나 우울을 알아차리고, 그것을 걷어내는 작업을 수시로 해나가야겠습니다.

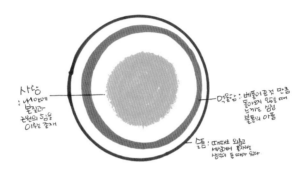

사랑
: 내 안에
본질과
근원의 힘을
이어주는 존재

억울함: 내 뜻이 좋은 것 만큼
받아들여 있음 때
느끼는 감정
분통의 마음

슬픔: 때때로 외롭고
세상에서 혼자라는
생각이 들 때가 있다

글빛
마음빛
●━●●━● 30

1. 두려움. 어머니의 사망 이후 나 혼자만의 삶에 대한 두려움. 내 삶의 마지막 날까지 살아나갈 시간에 대한 막연한 두려움.

2. (제시된 대로 몸과 마음을 이완합니다.)

3. (불안이 녹아내리는 것을 느낍니다.)

4. 강. 매 순간 바다를 향해 흘러가는 강물처럼 평화와 사랑이 흐른다.

5. 내 안에 불확실한 미래에 대한 두려움이 있다는 사실을 다시금 인식하게

되었습니다. 하지만 그저 흘러가는 대로 받아들이고 기다리겠습니다.

글빛
마음빛
━●─●─●── 31

1. (제시된 대로 루미의 「여인숙」을 낭송합니다.)

2. 감정의 균형이 이뤄지는 삶, 긍정과 부정의 감정이 함께 어우러져서 삶이 된다. 나를 이루는 것을 소중하고 감사하게 여기려고 한다.

3. 깨달음. 무지몽매에서 벗어나서 깨달음과 지혜를 얻어 평온하고 반짝거리는 삶을 살고 싶다.

4. 내 안의 슬픔, 좌절, 낙담을 나는 웃으면서 손님으로 맞이합니다. 그동안 나는 내 안에 긍정만 받아들이고 부정은 쫓아내려 애써왔습니다. 나뿐만 아니라 타인에게도 긍정만 강요했고, 부정을 있는 그대로 마주하는 용기를 내지 못했습니다. 이제 부정 또한 내 소중한 감정으로 여기고 받아들이겠습니다. 모든 감정이 균형을 이루어 공존하는 것이 삶이라는 사실을 깊이 깨닫습니다. 외로움과 억울함조차 껴안아줍니다. 나를 이루어왔던 부끄러운 시간들조차 감싸 안습니다. 실패하고 실수했던 순간들조차 따뜻한 시선으로 품어줍니다. 나는 내 안의 슬픔, 좌절, 낙담에 감사합니다.

5. 성공. 성공은 고난의 극복이다. 그러므로 나는 성공했고, 성공을 향해 날마다 나아간다. 살아가는 매 순간 성공을 경험하고 있다.

6. 내 감정들은 때때로 걷잡을 수 없이 뒤섞여버려 나조차 감당할 수 없을 때도 많았습니다. 이제 나는 내 혼란까지 사랑으로 껴안으려고 합니다. 내 안에는 늘 환하게 빛나는 사랑이 존재합니다.

1. 욕망. 글을 쓰고 싶은 욕망. 시간과 돈에 얽매이지 않고 온전히 글쓰기에 몰두하고 싶다.

2. (제시된 대로 몸과 마음을 이완합니다.)

3. (마음의 깃발을 내려 반짝이는 상자에 넣어두고, 햇빛이 비치는 곳에 둡니다.)

4. 의미. 내 삶의 가장 큰 의미는 바로 글을 쓰는 것이다. 나는 한시라도 이를 잊은 적 없다.

5. 글쓰기는 내 삶 자체입니다. 글쓰기는 내가 살아 있는 이유입니다. 글은 내게 아우성을 치며 쓰라고 채근합니다. 글쓰기로 인해 내가 이렇게 숨 쉬고 살아 있다는 것을 깨닫습니다.

1. (제시된 대로 김사인의 「조용한 일」을 낭송합니다.)

2. 위로와 격려를 해주는 만물의 에너지, 신의 사랑을 느낌.

3. 고마운 일. 거창한 것이 아니라 사소한 것, 아주 작은 것에도 고마움을 느낄 수 있는 감사의 감수성을 떠올린다.

4. 낙엽 : "네가 해낸 일, 하고 있는 일은 귀하고 소중한 거란다. 빛을 기억하렴. 늘 깨어 있고 그 빛을 널리 퍼뜨리렴."

나 : "나는 부족하지만, 또 나는 훌륭해. 나는 연약하지만, 또 나는 강해. 바로 빛의 에너지와 소통하고 있기 때문에."

5. 때때로 나는 부족하고 약하고 형편없다는 생각이 든다. 이것밖에 할 줄 모르냐는 질책과 자책이 내게 엄습한다. 그렇더라도 나는 내 갈 길을 알고 미리 인도하신 하나님의 뜻에 따라 움직인다. 그 행로를 가리킨 것도 허락하신 것도, 그리고 힘과 용기를 주신 것도 하나님이라는 사실을 깨닫는다.

6. 내 삶을 주관하시고 온전히 이끌어주시는 분이 내 안에 존재한다는 사실을 늘 기억하며 살아가고 있습니다.

글빛
마음빛
●━●━●━ 34

1. (갈색으로 사막을 그립니다.)

고단한 사막을 헤치며 걸어가는 나

2. (파란색으로 '나'를 그립니다.)

3. 성공. 황량한 사막을 헤치며 걸어가는 나.

4. (내 손을 잡고 있는 누군가를 그립니다.)

5. 심상 시 치료(S).

　S : "힘들지? 그래도 내가 언제나 함께하고 있어. 우리는 과거와 현재와 미래를 넘나들며 함께 해나갈 거야. 타인과 세상과 우주와 하나가 되어 에너지를 나눌 거야. 잘하고 있고, 잘해나갈 거야. 우리는 언제나 이렇게 함께하고 있어!"

　나 : 내 곁에 와줘서 고마워요. 그대가 온 것이 내게는 신기하고 신비롭고 또 너무나 감사합니다. 나는 혼자가 아니었군요. 혼자라고 생각했던 수많은 순간조차 그대에게로 가는 길이었습니다.

6. 내 아픈 과거의 순간들은 모두 극복의 과정, 즉 성공의 순간이었고, 심상 시 치료를 만나는 순간이었다는 것을 깨닫는다.

7. 나는 사막의 5분의 4 되는 지점에 있다고 생각했는데 심상 시 치료가 사막에서 동행하는 순간, 과거, 현재, 미래를 초월하는 느낌이 들었습니다. 심상 시 치료와 나는 시간과 공간을 초월해서 존재하고 있다는, 지식 차원을 뛰어넘는 인식이 들었습니다.

글빛
마음빛
—•—•—•—•— 35

1. (파란색으로 누워 있는 내 모습을 그립니다.)

2. ('죽음'하면 떠오르는 색을 아래와 같이 덧칠합니다.)

암흑 ; 윤체의 소멸이 이루어진 어둠속

3. 암흑. 육체의 소멸이 이루어진 어둠 속.

4. 시아야, 아직 살아 있는 시아야. 죽고 나니 어둠 안에 있는 것은 육체이고 본질의 나는 생생하게 날아다니고 있구나. 가볍고 상쾌하고 이루 말할 수 없이 자유롭다. 현실이 고단하고 어렵고 힘들더라도 부디 매 순간 이겨내길 바란다. 육체를 입고 있는 동안이 네겐 영혼의 성장을 위한 탁월한 기회란다. 사랑한다, 시아야.

5. 아주 오랫동안 상상해온 '사후의 나'를 만났다. 내 생애의 절반 동안 도피처로서의 죽음을 떠올렸다면, 나머지 절반은 삶을 극복하기 위한 지침으로서의 죽음을 떠올렸다. 이제 죽음 자체가 아니라 아름다운 영혼이 인도하는 내면의 메시지를 듣는다.

6. 신기하게도 나는 죽은 나를 그렸는데, 발에서부터 온몸이 들어 올려지는 듯한 그림이 그려졌습니다. 실제로 나는 죽음 이후의 삶을 믿습니다. 죽음은 착각이라는 사실을 알고 있습니다.

1. 환희. 내 삶은 환희로 시작했고, 탄생을 떠올리면 가슴이 벅찬 기쁨으로 가득하다. 나는 정말 잘 태어났다!

2. 축복. 매 순간이 축복이고 기적이다. 내가 그렇게 생각하지 않을 때조차 그러하다. 목숨에 연연하지는 않지만, 목숨을 붙이고 살아가고 있는 삶이 감사하다.

3. 아이인 나 : "시아야, 네가 태어나서 이렇게 성장해가고 있는 것이 바로 내가 원한 거야. 나는 이런 삶을 살 거라고 믿었고, 원했어. 잘하고 있어서 고맙다. 사랑한다."
지금의 나 : "고마워. 태어나기로 선택해서. 너는 너무나 사랑스럽고 빛난단다! 세상 만물이 너를 축복해주고 있어!"

4. 아이 시절의 나를 떠올리니 너무나 사랑스럽고 귀하다. 형언할 수 없는 사랑스러움이 번져간다.

5. 아이와 내가 나눈 첫 대화였습니다. 환희로 가득한 탄생의 순간을 포착할 수 있어서 기쁩니다.

1. 사랑과 관심. 딸에게 더 신경 써주지 못했던 과거의 많은 순간들, 나날들이 후회가 된다.

2. (제시된 대로 몸과 마음을 이완합니다.)

3. 방울새 : "네 마음이 많이 아프고 막막하고 서글퍼서 아이를 안아줄 힘이 없어 그랬구나. 그래도 너를 있는 그대로 사랑한다. 사랑한다. 사랑한다."
과거의 나 : "내가 좀 더 잘해줬어야 하는데 그러지 못했어요."
방울새 : "알아. 알고 있단다. 지금이라도 늦지 않았어. 많이 이해하고 안아주렴."

4. 기회. 나는 많은 잘못을 저질렀지만. 이미 그 잘못에 대한 대가를 치렀다는 생각이 든다. 용서를 받았고, 이제 사랑을 실천할 멋진 기회를 가지며 살아가고 있다.

5. 내 후회와 회한이 딸한테 있다는 사실을 다시 깨닫습니다. 내가 깨달은 만큼 변화할 것이라고 믿습니다.

**글빛
마음빛**
•◦•◦ 38

1. 고통. 지금은 아니지만, 과거, 특히 20대의 나는 끊임없는 고통 속에 놓여 있었다. 결혼의 실패, 사랑의 실패가 원인이었을까? 그보다 더 큰 것은 나 자신의 실패였다. 나는 나를 끊임없이 부정하고 있었다.

2. 시아야, 너는 불안과 우울에 사로잡혀 절망하며 지내고 있구나. 하지만 결국 견뎌낼 것이고, 이 과정으로 인해 치료사로 성장할 거란다. 무엇보다 어머니와 화해하고, 나아가 어머니를 이해하고 사랑하게 될 거란다. 잘 이겨낼 거야. 사랑한다. 언제나, 늘, 변함없이.

3. 나는 과거의 나를 증오해왔다. 믿을 수 없을 만큼의 강도로 나를 파멸로

이끌어왔던 시간이 있었다. 하지만 결국 바닥을 치고 날아올랐다. 그 경험이 오늘의 나를 만들었다.

4. 내 고통은 성공을 위한 과정이었습니다. 내 시련은 기쁨을 위한 과정이었습니다. 내 모든 시간들은 축복이었습니다.

글빛
마음빛
—●—●—●—●— 39

1. (제시된 대로 최승호의 「얼음의 자서전」을 낭송합니다.)

2. 고독한 일기. 이 시는 내 이야기이다. 나도 이 시의 주인공처럼 얼음에 둘러싸인 채 지냈다. 늘 외롭고 슬펐다. 나중에는 슬픔조차 얼음으로 둔갑해버렸다. 삶의 바닥으로 갔던 20대였다.

3. 얼음의 성. 외로움의 상징이다. 나는 내 안에 갇혀서 누구를 이해할 힘이 전혀 없었다. 나는 점점 차갑고 냉소적인 사람이 되었고, 누구에게도 내 감정을 내비치지 않았다. 가족에게조차.

4. 나 자신. 나는 나를 사랑하지 않았다. 그 이유로 세상을, 내가 아는 모든 사람들을 전부 얼려버렸다. 그 어떤 것도 사랑하지 않았고, 사랑할 수 없었던 나날이었다.

5. 참, 빙벽의 세월이었다. 하지만 그런 내가 있었기에 지금의 내가 존재하고 있다. 과거의 나를 많이 안아줘야겠다. 시리고 아팠던 20대의 나.

6. 과거, 특히 20대의 나를 들춰보는 것은 나에게 금기였습니다. 그 금기를 깨고 자주 이렇게 들여다보게 됩니다. 그래서 나는 더욱 성숙해지고 건

강해지고 있습니다.

1. (제시된 대로 김용택의 「울고 들어온 너에게」를 낭송합니다.)

2. 치료사. 함께 고통을 나누고 공감하면서도 결코 좌절과 방황 속에 빠지지 않고 내담자를 기다리며, 따뜻한 온기와 강한 사랑의 에너지를 드리우는 장면을 떠올린다.

3. 네 얼굴을 두 손으로 감싼다 : 다른 이를 감싸줄 수 있을 만큼 큰 사랑의 에너지를 갖고 싶다.

4. 매 순간의 나. 나는 매 순간, 기적처럼 성숙해지고 있다. 생의 마지막까지 그럴 것이다. 육신이 늙고 병들더라도, 내 영혼은 더욱 아름답게 빛날 것이다.

5. 따뜻한 내가 울고 들어온 나를 안아줍니다. 나는 수시로 외롭고 불안합니다. 과거에는 그 정도가 극심했지만, 지금은 차분하고 평온한 가운데 이따금 그럴 때가 있습니다. 내 마음 안에는 큰 나, 참 나, 마음의 빛이 끊임없이 내게 강한 사랑의 에너지를 보내주고 있습니다. 내가 나를 사랑하게 된 엄청난 기적처럼, 내 삶 자체는 매 순간 기적입니다.

6. 내가 나를 진정으로 안아주고, 다독여주는 포근한 느낌을 가진다.

7. 나를 이루는 사랑의 빛, 영혼의 빛은 육체를 입고 살아가고 있는 동안에도 늘 지속하고 있다는 사실을 깨닫습니다.

1. 환희, 기쁨, 외로움, 서글픔, 쓰라림 등등.

2. 눈물의 여러 의미가 떠오른다. 다양한 감정이 공존하는 것이 바로 삶이다.

3. (제시된 대로 몸과 마음을 이완합니다.)

4. (나무에게 희망과 위로의 말을 건네고 대화를 나눕니다.)

5. 나무는 홀로 외롭게 서 있다. 용기 있고 강하지만, 혼자 견디고 있어서 아프다.
나 : "나무야, 너는 견뎌내고 이겨내고 있구나. 괜찮니?"
나무 : "내 안에서 새싹들이 솟아나고 있어. 나는 혼자인 듯 보이지만 그렇지 않아. 나는 늘 새로워지고 성숙해지고 있단다. 구름과 별빛, 달과 태양이 나를 감싸주고 있어, 봐봐."

6. 견딤과 비워냄. 그렇게 오랜 세월을 버텨내고 있지만, 마지막 순간을 떠올리며 그 순간을 꿈꾸며 살아가는 멋진 나무다.

7. 나무는 나다. 나는 견디고 있고 비워내고 있다. 언젠가 이 모든 과정은 내게 특별한 의미가 될 것이다.

8. 긍정적인 눈물이든 부정적인 눈물이든 모두 소중하고 귀합니다. 궂은 날씨와 화사한 날씨 모두 나를 영글게 합니다.

1. (제시된 대로 몸과 마음을 이완합니다.)

2. (숨을 들이마실 때 맑은 기운이 나를 감싸고 있는 것을 느끼고, 내쉴 때 부정적인 것들이 빠져나가는 것을 느낍니다.)

3. (숨을 들이마시고 내쉬기를 반복합니다.)

4. 사랑. 우주의 에너지와 통하고 있다는 느낌과 함께 찬란하고 아름다운 빛이 충만하다는 느낌이 들었다.

5. 내 안에 사랑이 있다는 사실을 깨닫는 것은 언제나 신비롭고 감사하다.

6. 온몸이 이완되면서 어떠한 세속적 감정도 들어설 수 없는 차원에 다녀온 느낌이 듭니다. 그것은 기적이고 신비입니다.

1. 심포항. 내 차 안. 운전석의 등받이를 뒤로 젖히고 누운 나.

2. (제시된 대로 몸과 마음을 이완합니다.)

3. (숨을 들이마실 때 맑은 기운이 나를 감싸고 있는 것을 느끼고, 내쉴 때 부정적인 것들이 빠져나가는 것을 느낍니다.)

4. (몸이 가벼워지면서 떠올라 내 마음속 장소로 가는 것을 상상합니다.)

5. (내 마음속 장소에서 편히 쉬는 나를 상상합니다.)

6. 치유의 에너지. 살아가면서 고난이나 스트레스를 맞닥뜨렸을 때 지금처럼 이 장소에 와서 치유의 에너지를 받을 것이다.

7. 나를 치유해주는 장소가 있다는 것은 행복한 일입니다. 심포항은 내 아름다운 친구입니다.

글빛
마음빛 44

1. 성공. 고난을 극복한 것은 바로 성공이므로.

2. 임종 직전의 나. 평온하고 행복하다. 가족들에게 둘러싸여 사랑을 듬뿍 주고받고 있다. 68세의 나. 집 안이다.

3. 시아야, 안녕? 너는 참 힘든 과정을 잘 이겨냈구나. 하늘의 부름을 알아차리고 소명 의식을 가지고 살기 시작한 삶, 그리고 방황과 아픔으로 점철되었던 그 이전의 삶. 모두 소중하고 귀한 시간이었다. 나는 이제 마지막 때에 이르러 더할 나위 없이 행복하다. 올바르게 살아왔고, 성숙하려고 노력했으며 내 삶을 환하고 빛나게 함으로써 그 빛을 세상에 드리우려 했다. 순간순간 후회와 실망도 했지만, 그것조차 귀하고 아름다웠다. 시아야, 지금 네가 하고 있는 일들이 네 영혼을 아름답고 빛나게 하고 있단다. 늘 응원한다. 생의 마지막 날까지 이 행보를 이어갈 것이다.

4. (제시된 대로 위의 글을 소리 내어 읽습니다.)

5. 생의 마지막에 이른 68세의 나에게. 이 순간이 마지막이 아닌, 다른 차원으로 가는 여행이라고 믿고 있는 귀하고 소중한 시아야. 나이가 들수록 더 아름답고 빛나는구나! 잘 살아주어서 감사해. 많이 불안하고 힘들었던 육신의 삶을 잘 견뎌줘서 감사해. 이제 터널 끝에 다다랐으니 빛 안으로 들어가 온전히 빛과 하나가 되렴. 사랑한다.

6. 삶의 완성과 새로운 시작. 죽음 이후 나는 새로운 곳에서 새로 시작할 것이다. 그때 지금의 내 삶의 에너지가 한곳에 모여 나를 합당한 자리로 이끌 것이다.

7. 삶은 터널의 연속이고, 육신의 삶을 다하는 날에 터널을 완전히 통과하게 되리라 생각합니다. 터널을 나오는 순간 새로운 차원의 시작과 마주하게 될 것입니다. 설렘과 기대로 가득 차 있는 마지막 순간의 나와 만날 수 있어서 뜻깊었습니다.

글빛
마음빛 —●●●●— 45

1. 숙명. 그 자리에 붙박인 채 흩날리고 있는 나는 태어나기 이전부터 어떤 초월적인 힘에 의해 이렇게 되도록 미리 정해져 있었던 것 같다.

2. (깃발처럼 홀로 서 있는 무수히 많은 사람들을 봅니다.)

3. 혼자 있을 때의 느낌 : 바다가 보이는 언덕에서 바람에 나부끼고 있었다. 바람이 잠잠해질 무렵에는 나도 잠시 쉬고 있었다. 혼자였지만 그다지 외롭지 않았다. 담담하게 모든 것을 견디고 있었다. 삶이 다하는 순간까지 그렇게 무난히 견뎌낼 수 있겠다고 느꼈다.

같이 있다는 것을 알아차렸을 때의 느낌 : 모든 존재들이 자신의 자리에 뿌리를 내리고 당당하게 살아가고 있었다. 저마다 고독하기는 하지만 굳세게 삶을 견디고 있었다. 장중한 느낌이었다.

4. 나는 혼자 서 있는 깃발 같지만, 이 세상 모든 이들이 그렇다는 것을 압니다. 고독하지만 당당하게. 또한, 모두가 생이 다하는 순간까지 그렇게 나부껴야 한다는 것을 압니다. 깃발의 모양과 표식은 각각 다르지만, 깃발이 뽑혀나가서 마침내 자유가 되는 순간까지 이 땅 위에서 바람에 자신을 내맡긴 채 펄럭이고 있을 것입니다.

5. 깃발처럼 주체적 표식을 가지고 나는 살아가고 있다. 삶의 숭고함과 당당함을 가지고 있다.

6. 내가 가지고 있는 달란트와 내게 주어진 자리, 일, 관계들이 모두 삶의 섭리로 느껴집니다. 그저 감사할 뿐입니다.

글빛
마음빛
━●●●━ 46

1. (제시된 대로 몸과 마음을 이완합니다.)

2. ('나만의 새'를 불러내 대화를 나눕니다.)

3. 방울새 : "지금 걱정하고 있니? 딸이 어떻게 지내고 있는지? 잘해나가고 있는지?"
나 : "응. 맞아. 그러고 있어. 아니라고 하지만, 속마음은 그래. 혹시 감정을 다스리지 못하고 힘들어하거나 슬퍼하고 있지는 않을까?"
방울새 : "염려 마. 어떤 고난과 방황이 있더라도 딸이 스스로 깨우치고

해결할 거니까."

나 : "그러리라고 여기고 있어. 그래도 불쑥불쑥 걱정이 돼."

방울새 : "그 마음 이해해. 하지만 정말, 멀찍이서 그냥 바라보기만 하렴."

나 : "그럴게. 고마워. 방울새야."

4. 방울새가 현명하게 조언하고 껴안아주었다. 포근하고 안심이 된다.

5. 내가 해서 되는 일이 아니라는 생각이 듭니다. 걱정, 근심, 조바심 대신 하나님께 이 모든 것을 맡기고 기도해야겠습니다. 하나님께서 인도해주실 것입니다.

글빛
마음빛
●──●·●·● 47

1. 기회. 영혼의 성장을 위해 이 세상에 태어나기로 결심하고 선택한 나.

2. 사랑. 내 삶은 사랑할 수 없었던 나와, 그럼에도 불구하고 사랑하는 나의 팽팽한 줄다리기였고, 결국 사랑이 승리를 거두었다. 나는 비로소 평온 속에 잠들 수 있다.

3. 사랑하는 시아야, 이 세상에 태어난 것을 진심으로 축하한다. 귀엽고 사랑스러운 아가야. 마지막과 처음은 이렇게 연결되는구나. 많은 일들이 있었지만 삶은 결국 '사랑'으로 가는 길이었단다. 무럭무럭 자라나렴. 사랑으로 널 지켜보고 늘 감싸주마.

4. (제시된 대로 위의 글을 소리 내어 읽습니다.)

5. 사랑하는 시아야, 어느덧 너도 삶의 절반을 지나 후반부를 향해 걸음을

옮기고 있구나. 삶은 생각보다 길지 않단다. 네가 하고 싶은 일, 해야 하는 일을 향해 걸어가면 된단다. 이 길 속에서 네 존재의 의미가, 이미 부여받은 뜻이 살아날 것이다. 넌 잘하고 있어. 응원의 눈빛으로 매 순간 지켜보고 함께하고 있단다.

6. (제시된 대로 위의 글을 소리 내어 읽습니다.)

7. 나를 응원해주는 과거와 미래의 나에게서 든든한 사랑을 느낀다. 나는 긴밀하게 연결되어 있다.

8. 시간이 둥근 바퀴가 되어 나를 이루고, 주어진 그대로 굴러가고 있는 것 같습니다.

글빛
마음빛
●—●··●·—● 48

1. 선물. 신이 내려주신 축복의 선물이므로.

2. 내 비밀은 17년 전부터 방언을 하고 있는 것이다. 17년 전부터 나는 갑자기 기도 도중 방언을 하기 시작했다. 그 말이 천상으로 바로 올라가는 것을 느낀다. 언젠가는 방언으로 즉흥 노래를 열 곡 정도 이어 부르기도 했다. 가슴 저미게 아름답고 황홀했다. 그 순간 나는 천국에 있었다. 하나님이 내게 준 선물임을 절실히 깨닫는다.

3. (제시된 대로 위의 글을 소리 내어 읽습니다.)

4. 나는 참으로 행운아이다. 내 영혼은 아름답게 빛난다.

5. 나는 부족하기 그지없는데, 하나님이 나를 사랑으로 이끌어주셨습니다. 그저 감사할 뿐입니다.

글빛
마음빛
→•→•→ 49

1. 지금, 이 순간, 현재. 나는 내 인생 전체를 통틀어 이 빛줄기를 발견한 것이 바로 '지금, 이 순간, 현재'라고 생각한다.

2. 시아야, 너는 생각보다 긴 삶을 살지 않을 거라고 여기는구나. 또 너는 네 삶의 출구를 늘 기억하고 기다리고 향수를 품고 있구나. 시아야, 그렇게 출구를 준비하는 네 마음을 이해한다. 이대로 계속 걸으면 된다. 잘하고 있으니 안심하고 따라오렴.

3. (제시된 대로 위의 글을 소리 내어 읽습니다.)

4. 나 : "감사해요. 당신은 내 삶을 속속들이 비추고 있었지만, 이제 당신의 존재를 어렴풋이 깨닫고 가야 할 방향을 제대로 알아차립니다."
빛줄기 : "그동안의 네 방황조차 의미가 있었다. 이제 너는 감정을 다스릴 줄 알고, 삶의 의미를 바로 세울 줄 아는 현명하고 성숙한 사람이 되었구나. 나를 알아차리다니 장하다. 자, 함께 가자꾸나!"

5. (제시된 대로 위의 글을 소리 내어 읽습니다.)

6. 내 삶이 너무나 귀하고 아름답다. 나는 이렇게 깨닫고 느끼는 지금의 순간을 그 무엇과도 바꾸지 않겠다. 내가 살아 있는 현재, 매 순간이 너무나 귀하다.

7. 빛줄기가 인도하고 있는 삶을 알아차린 것은 내 영혼의 눈이 떠지면서부터입니다. 그것을 미처 몰랐던 젊은 날의 나와 지금 현재를 바꾸지 않겠습니다. 현재의 내 삶이 너무나 행복합니다.

글빛
마음빛 ─●─●─●─ 50

1. (제시된 대로 그림을 그립니다.)

2. 어둠 가운데 쏟아진 희망, 축복, 사랑.

3. (제시된 대로 그림 위에 꽃을 그립니다.)

4. 향기로운 꽃과 반짝이는 별이 나를 축하해주고 있다.

5. 시아야, 잘하고 있어. 용서하고 이해하고 감싸주고 사랑하는 에너지를 온전히 이어가렴. 어두운 순간에도 마음 깊은 곳에서 한결같이 빛나며 널 지켜줄 거야.

6. (제시된 대로 위의 글을 소리 내어 읽습니다.)

7. 내 마음의 빛이 나에게 귀한 울림의 말을 들려주고 있다. 나는 혼자가 아니다. 언제나, 늘 빛이 존재하고 있다.

8. 꽃송이들이 축하해주기 위해 하늘에서 내려오고 있습니다. 나는 빛나는 존재입니다.

글빛
마음빛
━•━•━•━ 51

1. 고통, 단절, 외로움. 서른 살에 나는 이혼을 하고 집으로 돌아왔다. 어머니가 내 딸을 가리키며 "너 얘 대학까지 못 보내면 네 배때기를 칼로 확 쑤셔버릴 거다!" 하고 고함쳤다. 그 이후 언니를 찾아갔는데 언니는 빈정거리는 얼굴로 경멸스럽게 나를 쏘아보았다. 내게 가족은 상처만 주는 감당하기 힘든 존재였다.

2. 나는 터널을 벗어난 적이 있습니다. 터널을 벗어난다는 것은 어머니로부터 도피하는 것이 아니라 어머니를 용서하는 것이었음을 깨닫습니다. 증오가 아니라 사랑으로 인해 나는 터널을 빠져나올 수 있었습니다.

3. 용서. 내 인생의 화두인 용서. 용서를 향한 터널이 내게 끊임없이 주어졌다.

4. 나는 터널의 5분의 4 지점에 와 있다. 삶의 끝은 찬란함이다. 내가 희망한 것이 아니라 내 영혼이 선택한 바에 의해 터널이 내게로 왔다.

5. 나는 터널의 끝에서 터널을 샅샅이 훑어볼 것이다. 내 인생의 숱한 터널

의 맨 마지막을 통과해서는 내 삶의 파노라마를 있는 그대로 지켜볼 것이다.

6. 아름답고 찬란한 삶. 이렇게 내 인생을 스스로 정의 내려본다.

7. 나는 힘든 시기를 겪었다. 나를 가장 힘들게 한 것은 가족 관계였다. 가족은 내게 아픔이고 상처였다. 하지만 지금은 어머니와 언니를 있는 그대로 받아들이고 사랑한다.

글빛
마음빛
—•—•—•—•— 52

1. 극복, 환희. 어머니를 모시기로 결정했던 2016년 10월, 나는 스스로의 한계를 초월한 환희와 기쁨을 느꼈다.

2. 내 삶의 빛을 따라 걸어가고 있습니다. 나는 주어진 내 삶의 과제, 화두를 늘 기억하고 있습니다. 바로 '용서'이지요. 나 자신과 가까운 이들과 숱한 상황들과 시간들과 세상을 용서합니다.

3. 성숙과 성장. 용서는 성숙과 성장을 위한 유일한 방법이자 최고의 방법이다. 지독한 상황에서의 용서는 지극에 이르게 한다.

4. 내 안에 있는 영혼의 존재가 나를 올바르고 선하게 인도하는 것을 깨닫는다.

1. 사랑. 삶과 세상을 이루는 것은 바로 '사랑'이기 때문이다.

2. 깨달음, 진리. 만물은 신의 입김, 곧 '사랑'으로 이뤄져 있으며, 이 사실을 깨닫는 것이 진리임을 알아차린다. 이 진리가 나를 자유롭게 한다.

3. 나는 빛이다. 빛인 내가 빛 안으로 온전히 들어가는 것이다.

4. 탄생과 죽음. 몸을 빌려서 태어났고, 몸을 벗고서 다른 형태의 삶을 이루게 된다. 섭리와 순리대로 모든 것이 이뤄질 것이다.

5. 빛은 곧 내 삶의 희망이고 나입니다. 마지막과 시작을 통틀어 매 순간 내면의 빛이 존재합니다.

1. 상처받은 마음. 용서의 중요성을 늘 염두에 두고 살아가고 있지만, 아이러니하게도 나 자신이 용서를 잘하지 못하고 상처받은 마음을 오랫동안 가지고 있었음을 이 순간 깨닫는다.

2. (제시된 대로 복식호흡을 합니다.)

3. ('내 마음의 그림자'가 훈훈한 온기에 작아지는 것을 느낍니다.)

4. 꽃. '그림자'라고 했을 때 빨간 옷을 입은 아주 큰 내가 떠올랐다. 열기를

가하자 빨간 나는 조금씩 작아졌다. 그러다가 마침내 분홍빛 꽃잎이 되어 손바닥 위에 내려앉았다. 그 모든 화가 흘러가고 있었다.

5. 가장 중요하다고 외치는 것이 다름 아닌 내게 필요한 것, 내게 절실한 것이라는 생각에 깜짝 놀랐습니다. 내게는 '용서'가 절실합니다. 그것이 내 삶의 화두입니다.

글빛
마음빛
⊶⊷⊶ 55

1. 마음의 빛을 찾아가는 치료사. 열정을 가지고 마음의 빛을 찾아가게끔 이끄는 탐험가이자 안내자이다. 나는 혼자 가는 것이 아니라 빛을 원하는 이들의 손을 잡고 함께 가고 있다.

2. 나는 나를 귀하게 여기고 사랑합니다. 아프고 힘들었던 과거에 나는 스스로를 시궁창을 맴도는 회색 쥐라고 여겨왔습니다. 내 안에 빛이 있다는 사실을 깨닫고 나서 나는 나를 더없이 귀하게 여깁니다. 물론 나를 믿기에 오히려 내게 소홀했던 적도 많습니다. 지금도 여전히 그러하지만, 그렇더라도 나는 나를 사랑하고 귀하게 여기는 마음을 언제나 간직하고 있습니다. 내 마음이 원하는 대로 행하며, 내 육신에 좋은 것을 행하겠습니다.

3. 화두. 그동안 내 화두는 '생명이 있는 한 그대로 살아간다'는 것이었다. 하도 많은 날 동안 죽고 싶었기 때문이다. 이제는 그 화두가 발전한 것을 느낀다. 새로운 화두는 '생명이 있는 한 나는 사랑을 가지고 누리고 나눈다'이다. 오늘, 그 사실을 깨닫는다.

4. 새로운 화두가 탄생되는 순간입니다. 참으로 감사한 시간입니다.

1. ('내 마음의 빛'하면 떠오르는 색을 골라 그림을 그립니다.)

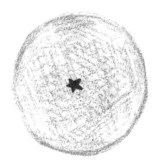

2. (제시된 대로 몸과 마음을 이완합니다.)

3. (빛을 가리고 있던 천이 벗겨지고, 빛이 내 안에 속속들이 스미는 것을 느낍니다.)

4. 사랑. 내 영혼은 '사랑'이고, 빛이 가려진 것은 사랑의 부재, 혹은 상실로 인한 것이었음을 깨닫는다. 내 마음의 빛은 '사랑'으로 이뤄졌고, 내 삶 또한 '사랑의 완성'으로 가는 여정임을 알아차린다.

5. 원래 내 마음은 하얀빛입니다. 모든 빛깔을 합친 빛이지요. 언젠가부터 제대로 명상에 몰입하면 눈앞에 하얗게 빛나는 꽃잎 모양이 펼쳐지고 가운데 텅 빈 공간이 보였습니다. 오늘 새롭게 깨닫는 것은 그 텅 빈 공간이 바로 우주의 에너지가 모이는 곳이고, 우주의 에너지와 소통하는 공간이라는 사실입니다.

1. (제시된 대로 행하고 하얀빛을 떠올립니다.)

2. (제시된 대로 몸과 마음을 이완합니다.)

3. (내 마음의 정중앙에 있는 빛과 대화를 나눕니다.)

4. 빛의 말 : 나는 사랑이다. 그 어떤 분별도 없이, 모든 경계가 허물어지고 하나 될 때 내가 온전히 드러날 것이다. 나는 다만 환희이고 기쁨이다. 다만 감사고 영원이다. 모든 것은 이어져 있다.

5. 빛의 말은 빛으로 울려 퍼지고, 동시에 내가 깨닫고 듣고 빛과 하나가 되어 벅찬 마음으로 빛과 하나가 되어 있었습니다. 나는 대답을 하거나 물어보지 않아도 되었습니다.

1. 사랑. 빛은 사랑이라고 내게 알려주었다.

2. 내 마음에는 빛이 존재합니다. 단 한 번도 꺼지지 않고 늘 빛나는 빛입니다. 나는 이 빛이 나를 온전하게 지켜주고, 암흑과 수렁과 음침한 계곡으로 다닐 때에도 나를 지켜주고 마침내 나를 꺼내줬다는 사실을 깨닫습니다. 내 영혼의 빛은 사랑입니다.

3. 감사. 내 빛은 하나님의 임재함이고, 예수님의 내재함이다. 다른 무엇으

로도 설명할 수 없다.

4. '우주의 에너지, 만물의 주재자, 무소부재한 존재가 나를 사랑하고 있다. 내가 무엇을 더 망설이고 두려워하겠는가?' 하는 마음입니다.

글빛
마음빛
—●●●— 59

1. (눈을 감고 '내 마음의 빛'을 떠올립니다.)

2. (빛 속에서 편히 쉬며 '내 마음의 빛'을 깊이 느낍니다.)

3. 휴식. 아, 평온하다. 걱정, 근심은 다 어디로 사라진 걸까? 더없이 마음이 가볍다. 시원하다.

4. 잔잔한 선율과 빗소리가 어우러지는 음악을 들으며 빛 안에서 쉬었습니다. 음악을 곁들이거나, 조용한 곳에서 자연의 소리를 벗 삼아 하면 더욱 좋겠습니다. 음악과 빛이 절묘한 조화를 이루어 온전한 휴식을 제게 선물해주었습니다.

글빛
마음빛
—●●●— 60

1. (제시된 대로 몸과 마음을 이완합니다.)

2. (빛 안에서 즐겁게 노는 나를 상상합니다.)

3. 자연. 자연 안에서 친구와 가족과 아이와 마음껏 놀았다. 가슴이 벅찰 정도로 따뜻하고 아름다웠다.

4. 너무 신나게 놀아서 나도 모르게 웃음이 나왔습니다. 넓은 바닷가 해안을 따라 걷고, 비가 내리는 길을 걸으며 풀들이 자라나는 것을 보았습니다. 아이가 점점 자라나는 것도 지켜보았습니다. 모든 것이 평온했습니다. 기운이 넘쳤지만, 잘 조화를 이루고 있었습니다.

**글빛
마음빛**
—•—•—•— 61

1. (제시된 대로 몸과 마음을 이완합니다.)

2. (내 마음의 빛 안으로 누군가를 초대합니다.)

3. (아버지가 빛 안으로 걸어 들어왔다.)
아버지 : "얘야, 난 늘 지켜보고 있었다. 너를 지켜주고 있었어."
나 : "아빠, 그래서 내가 구렁텅이에 수없이 굴러떨어졌어도 다시 일어나서 지금 이렇게 건강하게 있는 거군요. 저도 알고 있었어요. 감사해요."
(아버지가 흐뭇하게 미소를 지으며 내 손을 잡아주셨다.)
나 : "그런데 아빠는 어떻게 이렇게 찾아오실 수 있는 거예요? 영혼이 어떤 방식으로 다시 태어나고, 이렇게 찾아올 수 있는 건가요?"
아버지 : "그것이 뭐가 이상하니? 영혼의 세계는 원래 그렇단다. 그럴 수 있는 거란다. 영혼도 세포분열을 일으키지. 말하자면 말이다, 눈에 보이지 않는 세계여서 그렇게 단정 지어 말하는 것도 무리겠지만, 영혼은 나뉘었다가 다시 합쳐질 수도 있단다. 동시에 여러 곳으로 갈 수도 있단다."
(나는 아버지의 말씀을 들으며 고개를 끄덕였다.)
아버지가 너무나 건강하고 밝은 모습으로 들어오셨다. 그것만으로 나는 기쁘고 감사했다. 과거에 내가 방황하고 좌절하고 그야말로 엉망진창으로 지낼 때, 아버지는 왜소하고 불면 금방이라도 날아갈 듯한 마른 낙엽 같았다. 그런데 내가 건강하고 밝아지면서 간혹 꿈에 보이는 아버지도 너무나 건강하신 모습이다. 참 감사하다.

4. 영혼은 시간과 공간의 제약 없이 원하는 곳으로 얼마든지 갈 수 있다는 것, 우리와 만날 수 있다는 것을 깨닫습니다. 다만, 더 높은 차원에서 내가 있는 3차원으로 오는 것은 쉬우나, 반대의 경우는 특별한 은총이 없이는 어려운 일임을 깨닫습니다.

글빛
마음빛 — 62

1. (제시된 대로 몸과 마음을 이완합니다.)

2. (내 마음의 빛 안으로 과거의 나를 초대합니다.)

3. (출산한 지 보름도 안 되어 직장을 구하고 퉁퉁 부은 발로 출근하던 스물넷의 나를 떠올렸다.)
   현재의 나 : (아무 말 없이 나를 안아서 다독여주며 부은 발을 어루만져주었다.)
   과거의 나 : (내 품에 안겨서 편히 누워 있었다.)
   현재의 나 : "너는 슬기롭게 잘 극복할 거란다. 많은 방황과 아픔조차도 거름이 될 거야."
   과거의 나 : (아무 대답 없이 평안하게 눈을 감고 누워서 듣고 있었다.)

4. 나는 과거 아이를 낳고 산후조리도 제대로 할 수 없었고, 출산한 날 돈 문제부터 걱정해야만 했습니다. 늘 돈을 벌어서 경제를 책임져야 했습니

다. 우울하고 슬펐습니다. 아무도 내 마음을 알아주지 않았습니다. 그 누구와도 소통이 되지 않았습니다. 통통 부은 몸으로 며칠을 견디다가 직장을 구해 나갔는데 신발에 발이 들어가지 않았습니다. 그때는 빨리 돈을 벌어야 한다는 초조함 때문에 눈물 흘릴 겨를조차 없었습니다. 나는 나한테 가혹했습니다. 하루는 퇴근길에 버스 안에서 잠이 들었는데 아직 고개도 가누지 못하는 갓난아이가 먹을 것을 집어서 내 입에 넣어주는 꿈을 꿨습니다. 지금도 생생합니다. 하지만 그런 와중에 행복한 순간도 많았습니다. 과거의 고단했던 나를 그대로 품어주고 안아주었습니다. 포근하고 따뜻한 느낌입니다.

글빛
마음빛
•━●●━•━ 63

1. (제시된 대로 몸과 마음을 이완합니다.)

2. (내 마음의 빛 안으로 미래의 나를 초대합니다.)

3. (삶의 마지막 나날을 보내고 있는 미래의 내가 차분하고 온화한 모습으로 걸어 들어왔다.)
현재의 나 : 어떻게 인생을 보내야 할까요?
미래의 나 : (창문을 열고 빗소리를 듣는 장면을 보여주었다. 미래의 나는 아무 말도 하지 않았으나, 내게는 이런 메시지로 읽혔다. '비가 들이치는 것을 두려워 말고 창문을 열고 비를 있는 그대로 즐기렴. 일이 일어나는 대로 즐기렴.')
현재의 나 : 걱정과 근심들은 어떻게 하면 없어질까요?
미래의 나 : "그 일은 일어나야만 해서 일어난 거라고 여기렴. 정말 그러하니까."
현재의 나 : (고개를 끄덕이며 미래의 나와 서로 다정한 눈빛으로 바라보

았다.)

4. 비를 즐기듯 매 순간 즐길 수 있기를 희망합니다. 긍정적이든 부정적이든 어떤 일이 일어났을 때 그 일이 일어나기 전의 상황에 대한 미련에 얽매이지 않고 일어난 일을 그대로 받아들이려고 합니다. 현명하고 지혜로운 미래의 내가 현재의 나에게 알려주었습니다.

글빛
마음빛
—•—•—•— 64

1. (제시된 대로 몸과 마음을 이완합니다.)

2. ('나만의 새'를 불러내 상처 입었던 과거의 순간으로 날려 보냅니다.)

3. 초등학교 4학년, 열 살의 나에게로 갔다. 처음으로 자살을 생각했던 나. 집 뒤편 담벼락에 기대서 있었다. "왜 언니한테만 곰국을 주고 나는 안 주지? 나는 없어도 되는 아인가?" 그때, 방울새가 나에게 다가가 곁에서 작은 날개를 파닥이며 나를 사랑스럽게 쳐다보았다. "넌 소중해. 너무나 소중해." 그러고는 내 바지에 수놓인 꽃을 부리로 살짝살짝 쪼았다. 나는 간지러워서 까르르 웃었다. 방울새와 나는 웃으면서 장난을 쳤다.

4. 처음 자살을 생각했던 4학년의 어느 날은 나에게 가장 슬프고 외로웠던 기억으로 남아 있습니다. 오늘, 그 아픈 기억이 갑자기 유쾌해졌습니다. 신기하고 신비로운 기적입니다. 이제 그 기억이 불쑥 솟아올라도 하나도 아프지 않을 것 같습니다.

1. 양가감정. 내 마음속에는 어머니에 대한 두 가지 감정이 있다. 어머니는 대단히 외롭고 슬픈 사람인 동시에 사랑을 차디차게 식게 만들고 자기 자신마저 괴롭히는 사람이다.

2. 어머니께. 어머니한테 몇 번 편지를 쓴 적이 있었지만, 그리고 사랑한다는 말을 한 적도 있었지만, 어머니는 몇 년 전에 그 편지를 갈기갈기 찢어버리셨습니다. 벌레 나온 된장을 버렸다는 것이 그 이유였지요. 엄청나게 화를 내고 집을 나가고 고함을 지르고 몇 날 며칠 동안 악담과 저주를 퍼부으셨습니다. 86세라는 나이가 믿기지 않을 정도로 난폭하게 행동하셨어요. 저는 또다시 익숙한 고통이 왔다고 생각했고, 너무나 힘들었습니다. 그렇지만 그런 날도 지나갔군요. 지금도 어머니는 스스로 고통을 당했다고만 여기고, 저에게 준 상처는 모르시지요. 거의 열흘 가까이 어머니의 얼굴은 사나웠고, 눈빛은 사람이 아니다 싶을 정도로 섬뜩했습니다. 온몸이 오싹해질 정도로 무섭기도 했지요. 이후에도 한 번씩 엄청난 증오를 내뿜는 날이 오긴 했지만, 그날만큼 심하지는 않았습니다. 이제 저는 예전의 저와 달라서 어머니의 고함과 난폭함이 저 때문이라고 자책하거나 부정적인 에너지에 휩싸여 괴로워하지만은 않습니다. 어머니는 경계성 인격장애 환자이니까요. 그것을 인정하기까지 수십 년의 세월이 흘렀습니다. 어머니가 환자라는 사실을 수용하고 나니, 그때야 제 아픔을 견딜 수 있게 되었습니다. 이제 가실 날이 멀지 않았으니 부디 마음을 선한 쪽으로 가져보시길 간청합니다. 이미 가슴이 병들 대로 병들었으니, 제 말이 전혀 들리지 않으리란 것쯤은 압니다. 그렇지만 다른 것은 몰라도 언니와의 관계가 조금이라도 풀리기를, 언니와는 용서를 주고받기를 기도드립니다. 어머니가 올리는 숱한 기도와 찬송은 사실, 그것마저 가슴이 아픈 일입니다. 그런데도 스스로는 전혀 알지 못하니 어쩌면 좋습니까. 하지만 이 모든 것도 어머니의 카르마(업)이니, 저는 다만 용서

할 뿐입니다.

3. (위의 글을 소리 내어 읽습니다.)

4. 시아야, 네 말 잘 들었다. 나는 아직 잘 모르겠다. 나는 내 마음이 가는 대로 살아왔다. 앞으로도 그럴 것이다. 그게 뭐가 잘못되었다는 거냐? 나는 늘 고통스러웠고, 내내 죽은 것처럼 살아왔다. 하지만 나를 말년까지 보살펴준 네게 고마운 마음은 가지고 있다. 네 언니를 용서하고 말고 할 게 없다. 네 언니가 그냥 저대로 화를 내는 것이니 난들 어쩌겠니. 시아야, 네 마음을 조금이라도 이해하려고 해보니, 나는 잘못한 게 참 많다. 그 말을 남긴다. 잘못했다. 너를 아프게 해서 미안하다. 용서해다오. 눈을 감기 전에 이 말을 남긴다.

5. 용서. 실제로는 어머니에게 이 말을 들어본 적이 없다. 하지만 어머니의 진심은 이러할 것이라 믿는다. 갑자기 울컥해진다. 용서 말고 우리 사이에 남는 것은 없다. 용서가 답이다.

6. 어머니는 내 삶의 화두를 탄생하게 한 존재입니다. '용서'가 제 화두입니다. 그러므로 어머니는 어떤 의미에서 내 스승입니다. 스승인 어머니, 사랑합니다.

**글빛
마음빛**

1. (제시된 대로 이면우의 「그 저녁은 두 번 오지 않는다」를 낭송합니다.)

2. 회한.

3. 용서를 구해야 하는 그날 저녁이 돌아오지 않는다면, 아마도 그 대상이 이 세상 사람이 아닐 것 같다. 얼마나 원통한 일인가. 서로 용서를 주고받지 못한 안타까움이 느껴진다.

4. (용서를 구하기 위한 용기를 냅니다.)

5. 용서해주시기 바랍니다. 어머니, 저를 용서해주시기 바랍니다. 저는 숱한 세월 동안 어머니를 원망하고 또 사무치게 증오했습니다. 겉으로는 온순하게 행동했지만, 속으로는 얼마나 많이 원망했던지 그 강도를 헤아릴 수 없을 지경입니다. 어머니, 그런 저를 용서해주시기 바랍니다. 저는 어머니가 원인을 제공했다고 생각했지만, 어머니를 증오하면서도 한편으로는 어머니를 닮아가고 있었습니다. 그런 쇠사슬의 원리를 깨닫고 어머니를 사랑하기까지 30년 넘는 세월이 걸렸습니다. 이제 어머니께 용서를 빕니다. 저의 증오를 용서해주시기 바랍니다. 저의 원망을 용서해주시기 바랍니다. 그저 저를 태어나게 한 사실만으로도 어머니는 훌륭합니다. 그것만 기억하려고 합니다. 감사합니다, 어머니. 그리고 사랑합니다.

6. (위의 글을 소리 내어 읽습니다.)

7. 시아야, 나는 잘 모른다. 내가 네게 원망을 심어주었다니, 아무리 생각해도 모르겠구나. 나는 네가 나에게 준 아픔들만 기억하고 있다. 하지만 네가 용서를 빈다고 하니 받아들이마. 하기야 이제 임종을 앞두고 있는 이 마당에 돌이켜 생각해보니, 나도 잘못한 게 많다. 그동안 잘 모르고 있었을 뿐. 그저 내 마음이 가는 대로만 했었지. 내 마음은 늘 허전하고 외롭고 쓸쓸했다. 그래도 안 죽고 지금까지 살았다. 너도 나를 용서해다오.

8. 용서와 사랑. 어머니의 글을 읽으니 눈물이 난다. 어머니는 참 무지했다. 어쩌면 이렇게 상대방을, 가족의 마음을 모를 수 있을까. 마음의 병이 깊어서 그랬으리라는 것을 이렇게 뒤늦게야 이해하고 받아들인다. 그리고

어머니를 사랑한다.

9. 어머니로 인해 내 삶은 너무나 아프고 힘들었습니다. 그리고 이런 아픔을 극복한 지금 더없이 행복합니다. 어머니를 용서하고 사랑할 수 있어서 나는 큰 에너지를 가질 수 있었고, 치료사가 될 수 있었습니다.

글빛
마음빛

—●●●—— 67

1. 비탈진 곳에 서 있는 나무. 언젠가 어머니에게 나무를 그려보라고 했을 때, 어머니는 너무나 위태롭고 나약해 보이는, 곧 쓰러질 것 같은 나무를 그리셨다.

2. 어머니, 당신을 용서해드립니다. 생각을 하거나 기억할 수 없겠지만, 당신을 용서합니다. 너무나 오랫동안 저는 어머니로 인해 아프고 힘들었습니다. 이렇게 고통을 받을 바에야 차라리 죽어버리겠다고 결심한 것도 한두 번이 아니었습니다. 하지만 저는 이렇게 살아서 상처를 극복하고, 큰 용서를 실천하고, 마침내 치료사가 되었습니다. 어머니, 당신을 용서합니다. 무조건 용서합니다. 그리고 무조건 사랑합니다. 어머니.

3. (위의 글을 소리 내어 읽습니다.)

4. 딸아, 미안하다. 나를 용서해줘서 고맙다. 나는 편안하게 눈을 감고 하늘나라에 가련다. 뒤늦게나마 이렇게 용서를 주고받을 수 있어서 다행이다. 조금 더 일찍 깨달았으면 좋았을 것을. 하지만 지금이라도 깨달아서 다행이다. 고맙다. 나중에 다시 만나자.

5. (위의 글을 소리 내어 읽습니다.)

6. 어머니를 용서하기보다, 먼저 마음을 열고서 용서를 구해야겠다. 어머니가 살아 계시는 동안, 아니, 내일 당장 실천에 옮겨야겠다.

7. 용서해야 할 대상이 어머니였는데, 이렇게 글빛 마음빛을 하고 보니 오히려 내가 용서를 구해야겠다는 생각이 들었습니다. 내 마음 깊은 곳이 정화되는 느낌입니다. 감사한 마음입니다.

**글빛
마음빛**
─•●•●•─ 68

1. 벽강 류창희 교수님을 떠올렸다. 내 마음이 평온과 성장, 성숙으로 갈 수 있도록 나를 인도해주신 내 삶의 스승이다. 벽강 교수님으로 인해 나는 제대로 된 삶의 길을 갈 수 있었고, 내가 빛나는 존재라는 사실을 온전히 깨달을 수 있었다. 그래서 내 삶의 스승이라는 산스크리트어의 '구루'로 부르고 있다.

2. 구루님, 감사드립니다. 당신으로 인해 제 마음이 뿌리를 내리면서 마음껏 가지를 뻗고 잎을 달고 열매를 맺을 수 있었습니다. 지금까지 제대로 감사의 표현을 하지 못했는데, 이제 마음 깊은 곳에서 감사의 말씀을 올립니다. 제가 보여드렸던 여러 혼돈과 갈등 속에서도 저를 인정해주고, 늘 최고라고 말씀해주면서 아낌없이 격려해주고 이해해주셔서 감사드립니다. 그리고 늘 선한 마음을 내도록 적극적으로 이끌어주셔서 감사드립니다. 구루님과 귀한 인연을 맺은 것이 제 삶의 행운입니다. 그저 구루님으로 모실 수 있다는 것만으로도 행복합니다. 깊은 감사의 말씀을 전합니다. 구루님 덕분에 오늘의 제가 이렇게 있습니다. 환하고 아름다운 나날 되시길 마음 다해 기원합니다.

3. (위의 글을 소리 내어 읽습니다.)

4. 시아 님, 그렇게 말씀하시니 무척 부끄럽군요. 저야말로 존경과 감사를 드리고 싶습니다. 우리의 인연이 너무나 귀하고 아름답습니다. 오로지 신께 감사 인사를 드리고 싶습니다. 늘 건강하시길 빕니다. 고맙습니다.

5. (위의 글을 소리 내어 읽습니다.)

6. 소중한 인연. 모든 것이 하나님의 섭리대로 이루어지고 있다고 여긴다. 그냥 이대로, 이 모습으로 감사드린다.

7. 감사할 수 있어서 감사합니다. 오직 그뿐입니다.

글빛
마음빛
●●●● 69

1. (제시된 대로 가슴에 두 팔을 모으고, 사랑해 시아야, 하고 말해줍니다.)

2. 사랑의 파장. 나에게 사랑한다고 말하고 나니 울컥해진다. 목이 메이고 눈물이 날 것 같다. 짠하다. 서글픔이 아니라 감동 때문이다. 내 모든 과거와 현재가 어우러져서 지금의 내가 있다. 참 잘 살아왔다. 잘 견뎌냈다.

3. 사랑해, 시아야. 그동안 많이 힘들었지? 고달픈 일도 많았고, 무척이나 힘겨웠지? 그 모든 과정을 다 이겨내고 이렇게 단단하게 서 있구나. 뿌리를 깊이 내리고 다른 이들에게도 열매와 그늘을 나눠주고 있구나. 얼마나 든든하고 아름답고 향기로운지 모르겠다. 영혼의 아름다운 성장을 꾸준히 이뤄낸 시아를 마음 다해 응원한다. 마지막까지 이렇게 아름답게 살아가겠지? 그런 시아를 언제나 응원한다.

4. (위의 글을 소리 내어 읽습니다.)

5. 감사함으로 마음이 벅차오릅니다. 나에게, 아니 나를 이루신 하나님께 감사드립니다.

글빛
마음빛
── 70

1. (눈을 감고 '내 마음의 빛'을 떠올립니다.)

2. (마음속으로 '이 빛이 나'라고 말해봅니다.)

3. 내 마음의 빛은 곧 나입니다. 나는 빛입니다. 나는 내 마음 깊은 곳, 정중 앙에 있는 빛의 메시지에 자주 귀를 기울입니다. 나는 내게 힘을 주고, 우 주의 에너지와 소통하고 있습니다. 나는 이 빛을 누리고, 드리우고, 나누 고 있습니다.

4. 시아야, 네가 행하고 있는 일이 너무나 자랑스럽구나. 잘하고 있다. 어렵 고 힘든 과정 속에서도 너는 제대로 갈 길을 가고 있다. 이 시대에 네가 하고 있는 일은 더없이 귀하고 아름다운 것이란다. 너는 이제 열매를 맺 고 그걸 나눠주고, 그늘을 드리워서 많은 이들을 쉬게 해주고 있다. 그만 큼 뿌리가 강하고 튼튼하단다. 성숙해진 지금의 네 모습에서 한 걸음 더 나아가 고아한 학처럼 살아나갈 너를 알고 있단다. 너는 점점 더 성장하 고 빛날 거란다. 이대로 가면 된단다. 마음의 정중앙에서 빛을 발하면서 내면의 목소리가 되어 너를 이끌어주마. 사랑한다, 시아야.

5. (위의 글을 소리 내어 읽습니다.)

6. 가슴이 벅차오르고 행복합니다. 나를 이끌어주고 인도해주는 빛과 천상의 존재, 하나님을 믿습니다. 나는 언제나 혼자가 아니었습니다. 그 사실을 잊고서 외로움에 젖어 있기도 했습니다. 나는 그런 나를 자주 자극해줄 빛의 존재를 알아차립니다.

글빛
마음빛
━•●•●•━ 71

1. (제시된 대로 이문재의 「월광욕」을 낭송합니다.)

2. 용서.

3. 내 마음을 가렸던 그 도둑의 마음을 내가 허락하고 받아들였다면, 다시 놓아주는 마음은 결국 악착같은 미움과 원망, 화를 내려놓는 '용서'라고 생각해서이다.

4. 이제 가난하게 살 수 있겠다: 복잡한 마음을 내려놓고 단순하고 간결하게 살아간다는 의미로 다가왔다.

5. 원망, 질투, 비교 의식, 외로움, 서글픔.

6. 이제 이 도둑 마음을 환한 달빛에 벗어던집니다.
나는 원망하는 마음으로 늘 화를 간직해왔습니다.
질투하는 마음으로 자주 시기하고 경쟁에 몰두했습니다.
비교 의식으로 스스로를 괴롭히고 그로 인해 의기소침했습니다.
외로움으로 때때로 허전하고 삶에 지쳐 쓰러지곤 했습니다.
서글픔이 들어서 자기연민의 심정으로 제 자신을 골방에 가둬놓기 일쑤였습니다.

이 마음들이 또 들 수도 있겠지만, 달빛으로 환하게 내 마음을 씻을 수 있는 지금, 이 순간을 기억하려고 합니다. 나는 기꺼이 가난해질 수 있다는 것을 깨닫는 순간, 이미 가난합니다.

7. 감사. 이렇게 마음을 낼 수 있다는 것이 기적이고 감사다.

8. 내 안에 가지고 있던 도둑, 쓰레기. 그림자. 이런 마음을 허락한 나도, 그런 마음들도, 또 가버렸지만 때때로 찾아올 마음조차도 모두 용서합니다.

글빛
마음빛
—•—•—•—•— 72

1. 사랑. 기도는 사랑입니다. 사랑 없이는 기도가 나오지 않습니다.

2. 딸 티나. 딸이 자라는 동안 사랑을 충분히 주지 못했습니다. 그것을 깨달았을 즈음 딸은 이미 성인이 되어 결혼을 해서 멀리 떠났습니다. 이제 이 사랑을 기도로 전해주려고 합니다.

3. 티나를 위해서 기도드립니다. 티나가 세상에 태어난 것은 기적이고 축복이었습니다. 내 인생을 통틀어 가장 큰 기쁨이었습니다. 그런데도 저는 그 기쁨을 잊어버리고 제 아픔에 사로잡혀 티나를 잘 돌보지 못했습니다. 사랑을 듬뿍 주지 못했습니다. 암흑 같은 시간에도 티나는 기적처럼 견뎌냈고, 너무나 아름답고 훌륭하게 자라주었습니다. 오로지 감사밖에 드릴 수 없습니다. 해서, 이 기도는 감사의 기도입니다. 살아서 움직이며 찬란하게 삶을 이끌어주시는 하나님, 주어진 섭리대로 살게 하소서. 모든 것에 감사드립니다. 예수님 이름으로 기도드립니다. 아멘.

4. (위의 글을 소리 내어 읽습니다.)

5. 눈물로 기도드립니다. 저는 어리석어서 제 마음대로 길을 갔지만, 저를 붙들어서 온전한 길로 인도해주신 신께 감사드립니다. 사랑과 감사와 용서가 삶의 모든 것이라고 믿습니다. 하나님, 저를 날마다 성장하게 하소서.

6. 감사의 눈물이 흐릅니다. 내 모든 지난 일에 대한 참회와 이미 받은 용서와 신의 축복이 임함을 느낍니다.

글빛
마음빛
●─●─●─ 73

1. 내 삶의 마지막 순간. 원하는 모습대로 과연 내가 살아갈 수 있을까? 삶을 아름답게 가꿀 수 있을까? 내 결심은 굳건하지만, 한편으로는 장담할 수 없는 일이기에 알고 싶습니다.

2. (제시된 대로 몸과 마음을 이완합니다.)

3. (빛에게 내가 알고 싶은 것을 물어보고 대화를 나눕니다.)

4. 빛이 나에게 알려주었다. "너에게는 사랑이 있다. 사랑을 안고 돌아갈 것이다."

5. 아름다운 무지갯빛 광채에 휩싸인 채 있었습니다. 사방이 빛으로 가득했습니다. 나는 언제나 혼자가 아니었습니다. 내 주위는 빛을 발하는 사랑으로 환했습니다.

1. (제시된 대로 몸과 마음을 이완합니다.)

2. ('내 마음의 빛'을 전하고 싶은 장소와 대상을 떠올립니다.)

3. 거대한 주황색 꽃잎의 한가운데, 꽃술의 자리에서 문이 열리더니 딸과 사위가 같이 들어왔다. 보자마자 우리는 함께 부둥켜안고 울었다.
"엄마, 나를 키워줘서 고마워요. 우리 잘 살고 있어요. 걱정 마세요." 딸이 말했다.
나는 같이 울먹이면서 그래, 그래, 라고 했다. 사위는 "감사합니다"라고 하면서 연신 웃고 있었다. 우리는 위가 뚫린 녹색 암벽으로 된 동굴 안에 있었다. 푸른 하늘이 보이고 햇빛이 비치고 있었다. 우리는 동굴 밖으로 나가기 위해 암벽에 난 계단을 밟고 올라가고 있었다. 우리의 모습은 점점 작아졌고, 꽃잎은 환한 흰빛으로 변해갔다.

4. 나도 모르게 눈물이 났습니다. 모든 것이 감사합니다.

1. 사랑와 용서.

2. 용서는 큰 사랑이다. 용서는 치유의 핵심이다. 용서는 영혼 성장의 비법이다.

3. 용서를 하지 못해 응어리지고 화가 난 채로 오랜 세월을 살았다. 내가 받

은 아픔만큼 어머니에 대한 분노가 늘 자리하고 있었다. 급기야 나는 나를 원망하고 증오했다. 나는 부끄러움과 수치스러움으로 똘똘 뭉쳐 있었다. 그래서 내 마음속에는 늘 얼음 덩어리가 있었다. 그런데 어느 날, 용서가 축복처럼 은혜처럼 찾아왔다. 나는 비로소 홀가분해졌다.

4. 한때 내 삶의 화두는 '그저 살아가는 것'이었지만, 이제는 '용서'입니다. 지독한 대상에 대한 용서는 나를 지극한 상태에 이르게 합니다.

글빛
마음빛
•―•―•―• 76

1. 꽃.

2. 꽃이 지고 다시 피어나듯, 매 순간은 발화하고 환해지고 아름다운 향기로 가득 찬다.

3. 삶의 매 순간은 마지막이고, 또 새로운 시작이다. 삶의 매 순간에 꽃이 지고 또 피어난다. 그리하여 그 모든 찰나들은 향기롭다. 생애 마지막 순간까지 그러하다. 그 어떤 순간도 그대로 꽃이 된다. 상처와 아픔조차, 사건과 사고조차, 어둠과 절망조차. 삶은 축제이고 축복이다. 도무지 그렇게 생각이 들지 않을 때조차.

4. 나는 나를 사랑하지 않았습니다. 그러다가 내가 나를 사랑하지 않았을 때에도 내 영혼이 나를 사랑할 수 있도록 아주 오랫동안 기다려온 것을 깨달았습니다. 내 영혼의 뿌리는 신의 사랑 속에 있다는 사실도 깨달았습니다. 삶의 매 순간은 깨우침의 조화로 이뤄져 있다는 사실 또한 깨달았습니다. 나는 내 눈물과 땀을 닦을 용기를 냅니다. 이제 육체가 다할 때까지 늘 새롭게 살아나갈 수 있겠습니다. 육체의 마지막에 이르면, 빛 안

에서 다시 시작할 수 있겠습니다.

글빛
마음빛
●—●—●—●— *77*

1. 사랑.

2. 내 안에 사랑이 있다. 그 사랑을 펼쳐갈 뿐이다. 그것이 인생이다.

3. 사랑과 용서가 나를 이루고 있고, 그로 인해 내 영혼이 성장할 수 있다. 사랑을 누리고 나누고 드리우는 것이 치유사의 소명이고, 내가 해야 할 몫이다.

4. 내 삶을 주관하시는 신의 목소리와 그 목소리를 들을 수 있는 내 안의 속삭임을 경청하면서, 신의 섭리대로 수용하고 오로지 모든 것에 감사하며 살아나가는 삶을 소망하고 꿈꿉니다.

심상 시 치료란?

심상 시 치료^{Simsang; Imaginary oriented-Poetry-Therapy}는 인간의 정신 활동과 고유한 오감(시각 · 청각 · 후각 · 미각 · 촉각), 초감각과 지각을 아울러서 감수성과 감성으로 내면의 힘을 일궈내어 궁극적으로 온전한 마음과 영혼의 치유에 이르는 것을 말합니다. 즉, 심상 시 치료는 대체의학적인 정신 · 심리 치료로 궁극적으로 삶의 에너지를 회복시키고, 원활한 삶을 이루기 위해 근원적인 내면의 힘을 자각하고 일깨우는 21세기형 치유입니다. 예술과 문화의 향기로 감성과 감수성을 불러일으키면서 흥미와 감동으로 내면을 가다듬어가는 통합 예술 · 문화 치료라고 할 수 있습니다.

심상 시 치료가 기존의 심리 치유와 변별을 이루며 '21세기형 치유'라고 명명될 수 있는 이유는 다음과 같습니다.

첫째, 심상 시 치료는 문학을 포함하여 문화 · 예술 · 삶의 차원까지 다루는, 보다 확장되고 확대된 차원으로 통합적이고 통섭적인 의미를 지니고 있습니다.

둘째, 매개체 혹은 매체로서의 각 텍스트 혹은 오브제나 활동을 수동적으로 감상하는 차원, 혹은 자신의 삶과 타인의 삶에 대입해보는 적극적인 앎의 차원에만 국한하지 않습니다. 즉, 심상 시 치료는 인간의 고유한 심상^{Simsang} 안으로 진입하여 궁극적으로 마음의 빛을 향해 나아가는 작업을 끊임없이 자극하고 제시해줍니다.

셋째, 심상 시 치료는 언어로 표출하는 것에만 국한하지 않고, 비언어적인 방법, 즉, 눈짓, 소리, 동작 등으로도 표현할 수 있으며, 무의식과 잠재의식을 자극하기 위해서 비언어적인 방법을 활용하기도 합니다.

넷째, 심상 시 치료는 예술의 각각의 영역을 수용하거나 배척하는 내담자 개개인의 선호도에 따라서 예술 치료적인 접근에 곤란을 겪을 수 있는 점을 해결한, 실리적이고 실질적인 접근 기술적 방법입니다. 즉, 한 가지 방식만 고수하여 치료 장르에 제한을 두지 않는 광범위하고 포괄적인 치료 기술을 지니고 있습니다.

다섯째, 심상 시 치료는 '삶은 시이고 시는 삶이다'라는 기치하에 인간의 삶을 이루는 모든 방식으로의 접근이 가능합니다. 내담자 혹은 집단원의 특성을 잘 살려서 접근할 수 있으며, 보다 다양하고 다채로운 기법의 연구로 확장·확대할 수 있는 가능성을 열어두고 있는 열린 치료 방식입니다.

여섯째, 심상 시 치료는 궁극적으로 '마음의 빛을 찾아가는 작업'입니다. 따라서 내면의 힘과 의미를 자각시키고 자극하고, 이를 활성화하는 것을 목적에 두고 있습니다. 이로써 치료적 의미를 확산·확충할 수 있는 기법의 연구와 실제 활용에 의한 경험적 근거 자료를 제시할 수 있도록 치료 현장에서 적용하고 지속적으로 발전하는 치료입니다.

일곱째, 심상 시 치료는 이제까지 없었던 전혀 새로운 방식이 아니라, 이미 기존에 있었던 것을 재발견·재창조·재창출하는 심리·정신 치료입니다. 이는 대체의학적인 성격을 지니고 있으며 명상(혹은 심상)을 예술적으로 고안한 기법을 주로 활용하고 있습니다.

당신의 마음을
글로 쓰면 좋겠습니다

초판 1쇄 발행 2020년 9월 9일

지은이 · 박정혜

펴낸이 · 최현선
편집 · 김현주
마케팅 · 김하늘
제작 · 제이오

펴낸곳 · 오도스 | 출판등록 · 2019년 7월 5일 (제2019-000015호)
주소 · 경기도 시흥시 정왕동 2473-2(그랜드프라자) 배곧4로 32-28, 206호
전화 · 010-4861-4105 | 팩스 · 031-624-3108
이메일 · odospub@daum.net

ISBN 979-11-968529-2-4(03180)

이 도서의 국립중앙도서관 출판예정도서목록(cip)은 서지정보유통지원시스템 홈페이지
(http://seoji.nl.go.kr)와 국가자료공동목록시스템(http://kolis-net.nl.go.kr)에서
이용하실 수 있습니다. (CIP 제어번호: CIP2020005799)

odos 마음을 살리는 책의 길, 오도스

다정한 셰르파와 함께 떠나는
마음 치유 여행

사람들은 마음에 상처를 잔뜩 안고 살아갑니다. 몸과 마음에 상처를
주고받으며 사는 게 인생이라고 합니다. 노화마저도 병이기에 치료할 수
있다고 하는 이 시대에, 마음의 상처에 대해서는 아직도 많이 무지합니다.
마음의 상처를 어떻게 치유해야 할지 몰라 그냥 묻어두고 사는 경우가
많습니다. 묻어둔 상처가 그대로 묻혀 있으면 그래도 견딜 만할 텐데,
상처는 가만히 있지 않고 다양한 상황에서 불쑥 모습을 드러내어 수많은
문제를 일으킵니다.

상처가 가득한 세상에서 치유받지 못해 고통스러워하는 이들이 점점
늘어만 가는 이 시대에 글쓰기로 치유할 수 있는 따뜻하고 효과적인
치유책이 나왔습니다. 77가지나 되는 마음 처방전은 당신 내면의 상처를
치유해주고 한결 평온한 삶으로 안내해줄 것입니다. 이러한 책을 만날 수
있어서 기쁩니다.

마음 여행의 셰르파인 저자를 따라 길을 가다 보면, 절경이 펼쳐질 겁니다.
물론 모든 여행이 그렇듯 때로는 버겁고 힘들어 포기하고 싶은 구간도
있을 것입니다. 그럴 때를 위해 자상하고 친절한 저자는 자신의 이야기를
진솔하게 들려주면서 독자들에게 위로와 용기를 줍니다. 저자의 안내를
따라 이 심리 여행을 다 마치고 나면 당신의 내면에 숨겨져 있던 밝고 환한
빛을 만날 수 있을 것입니다. 이 책은 그 치유의 능력과 효과를 더 많은
사람들과 나누기 위해 애쓴 결과물입니다. 저자의 바람처럼, 이 시대의
상처받은 영혼들이 글쓰기 작업을 통해 치유를 경험하기를 기대해봅니다.